目の前にある問題はもちろん、

人生の問いや、

社会の課題を自ら見つけ、

挑み続けるために、人は学ぶ。

「学び」で、

少しずつ世界は変えてゆける。

いつでも、どこでも、誰でも、

学ぶことができる世の中へ。

旺文社

文部科学省後援

英検® 2級 でる順パス単

クイックチェック

旺文社

はじめに

英検の対策をするうえで単語学習はとても重要です。しかし「単語がなかなか覚えられない」「単語集を何度見てもすぐに忘れてしまう」という悩みを抱える方は多いのではないでしょうか。『英検2級　でる順パス単クイックチェック』は，そういった学習の悩みを抱える方に向けた単語学習のサポート教材です。本書は単語集を見るだけではなく「解いて覚える」単語学習を通して記憶の定着をサポートします。

本書は『英検2級　でる順パス単［5訂版］』に収録されている見出し語1700語（単語・熟語）のチェック問題をSectionごとに収録しています。特長は，以下の3つです。

❶ 1回10分のチェック問題で気軽に取り組める
❷ 様々な問題形式で多角的に単熟語を学習できる
❸ 英検形式の問題（筆記1）で実戦的な力もつけることができる

学習した単熟語の記憶を使って問題を解くことは，記憶を長期的に残すためにとても効果的な方法です。ただ単語集を見てそのままにしておくのではなく，本書を使って継続的に学習を進め，しっかり記憶を定着させていってください。本書での学習が皆さんの英検合格につながることを心より願っています。

本書とセットで使うと効果的な書籍のご紹介

英検2級　でる順パス単［5訂版］

本書で出題される単熟語は単語集『英検2級　でる順パス単［5訂版］』の見出し語（単語・熟語）に基づいています。単語集で単熟語を学習してから，本書のチェック問題を解けば定着度がさらにアップ！

もくじ

単語編

でる度 A 常にでる基本単語 • 500

でる度 B よくでる重要単語 • 400

問題作成・編集協力:株式会社シー・レップス
編集協力:鹿島由紀子, Jason A. Chau, 株式会社鷗来堂
装丁デザイン:内津剛(及川真咲デザイン事務所)
本文デザイン:伊藤幸恵　イラスト:三木謙次
録音:ユニバ合同会社　ナレーション:Julia Yermakov, 大武芙由美

本書の構成

本書は『英検2級　でる順パス単［5訂版］』に収録されている見出し語1700語（単語・熟語）について，定着が手軽に確認できるチェック問題をSectionごとに収録しています。

チェック問題

1回の学習は2ページ・10分程度。各Section内で少しずつ難しい問題形式へとステップアップしていきます。各ページ右端に答えが掲載されているので付属の赤セルシートで隠して解答しましょう。

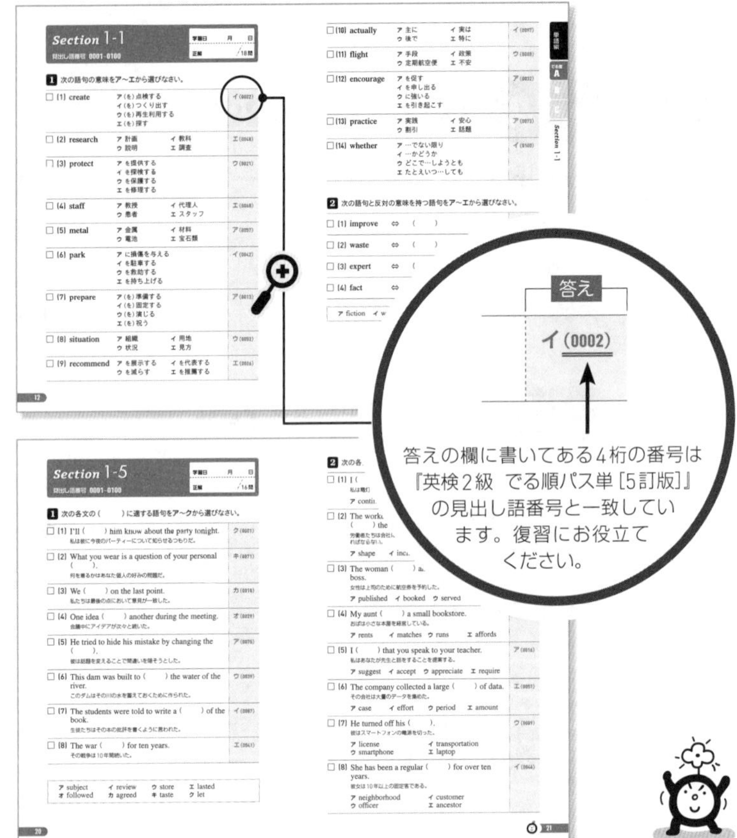

答え
イ (0002)
答えの欄に書いてある4桁の番号は『英検2級　でる順パス単［5訂版］』の見出し語番号と一致しています。復習にお役立てください。

【音声問題】音声を聞けない場合でも解答は可能です。(※)

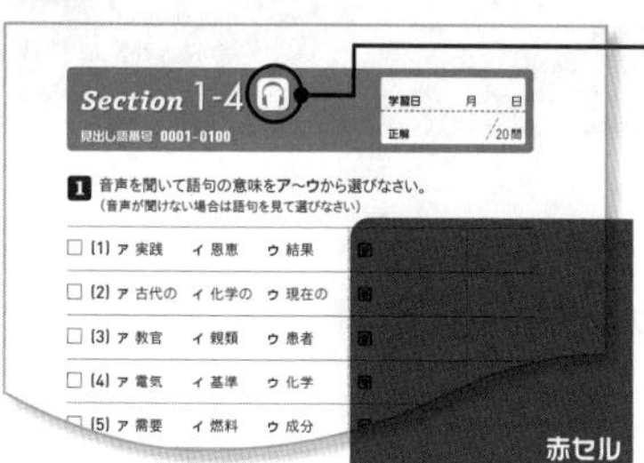

音声を聞いて答える問題です。
🎧マークの列まで赤セルシートで隠して答えましょう。
(音声についてはp.8参照)

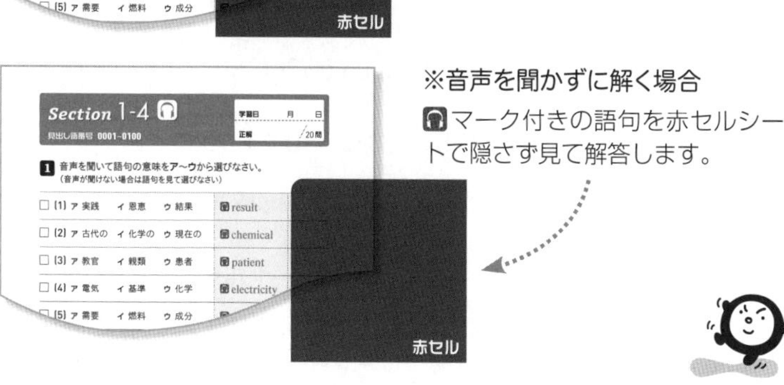

※音声を聞かずに解く場合
🎧マーク付きの語句を赤セルシートで隠さず見て解答します。

英検形式にチャレンジ!

各でる度の最後には実際の試験(筆記1)と同じ形式の実戦問題を収録しています。

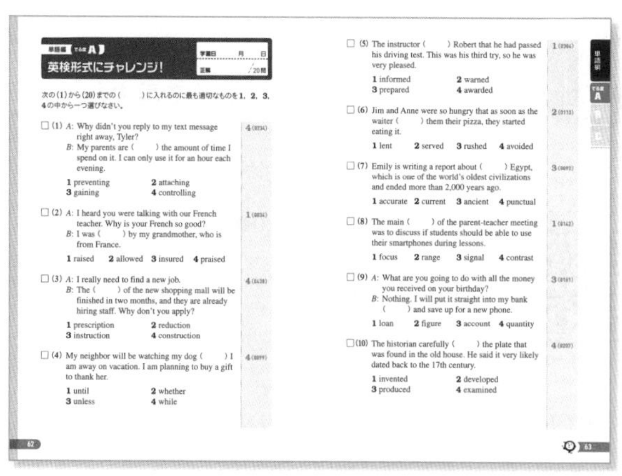

単語編 でる度 A

英検形式にチャレンジ!

学習日 月 日
正解 /20問

次の(1)から(20)までの( )に入れるのに最も適切なものを1, 2, 3, 4の中から一つ選びなさい。

□ (1) A: Why didn't you reply to my text message right away, Tyler?
B: My parents are ( ) the amount of time I spend on it. I can only use it for an hour each evening.
1 preventing 2 attaching
3 gaining 4 controlling
4

□ (2) A: I heard you were talking with our French teacher. Why is your French so good?
B: I was ( ) by my grandmother, who is from France.
1 raised 2 allowed 3 insured 4 praised
1

□ (3) A: I really need to find a new job.
B: The ( ) of the new shopping mall will be finished in two months, and they are already hiring staff. Why don't you apply?
1 prescription 2 reduction
3 instruction 4 construction
4

□ (4) My neighbor will be watching my dog ( ) I am away on vacation. I am planning to buy a gift to thank her.
1 until 2 whether
3 unless 4 while
4

62

□ (5) The instructor ( ) Robert that he had passed his driving test. This was his third try, so he was very pleased.
1 informed 2 warned
3 prepared 4 awarded
1

□ (6) Jim and Anne were so hungry that as soon as the waiter ( ) them their pizza, they started eating it.
1 lent 2 served 3 rushed 4 avoided
2

□ (7) Emily is writing a report about ( ) Egypt, which is one of the world's oldest civilizations and ended more than 2,000 years ago.
1 accurate 2 current 3 ancient 4 punctual
3

□ (8) The main ( ) of the parent-teacher meeting was to discuss if students should be able to use their smartphones during lessons.
1 focus 2 range 3 signal 4 contrast
1

□ (9) A: What are you going to do with all the money you received on your birthday?
B: Nothing. I will put it straight into my bank ( ) and save up for a new phone.
1 loan 2 figure 3 account 4 quantity
3

□ (10) The historian carefully ( ) the plate that was found in the old house. He said it very likely dated back to the 17th century.
1 invented 2 developed
3 produced 4 examined
4

63

音声について

本書の音声問題の音声は
次の2種類の方法でお聞きいただけます。

パソコンで音声データ（MP3）をダウンロード

1. 以下のURLから，Web特典にアクセス
URL：**https://eiken.obunsha.co.jp/2q/**

2. 本書を選び，以下の利用コードを入力してダウンロード

tyvkwr ※全て半角アルファベット小文字

3. ファイルを展開して，オーディオプレーヤーで再生
音声ファイルはzip形式にまとめられた形でダウンロードされます。
展開後，デジタルオーディオプレーヤーなどで再生してください。

※音声の再生にはMP3を再生できる機器などが必要です。
※ご使用機器，音声再生ソフト等に関する技術的なご質問は，ハードメーカーもしくはソフトメーカーにお願いいたします。
※本サービスは予告なく終了することがあります。

公式アプリ「英語の友」（iOS/Android）で再生

1. 「英語の友」公式サイトより，アプリをインストール

URL：**https://eigonotomo.com/**

英語の友

左記の2次元コードから読み込めます。

2. アプリ内のライブラリより本書を選び，「追加」ボタンをタップ

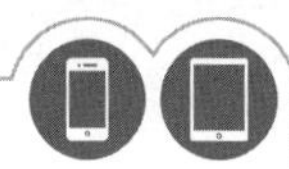

アプリなら
音声問題（🎧）以外の見出し語も聞けます

※音声データ（MP3）のダウンロードはありません。

ご利用方法

① p.8「公式アプリ『英語の友』(iOS/Android) で再生」と同じ手順❷で『**英検2級 でる順パス単[5訂版]**』を「追加」

⚠ 書名を間違えないようご注意ください。

② 画面下の「単語」をタップして「単語モード」で音声再生

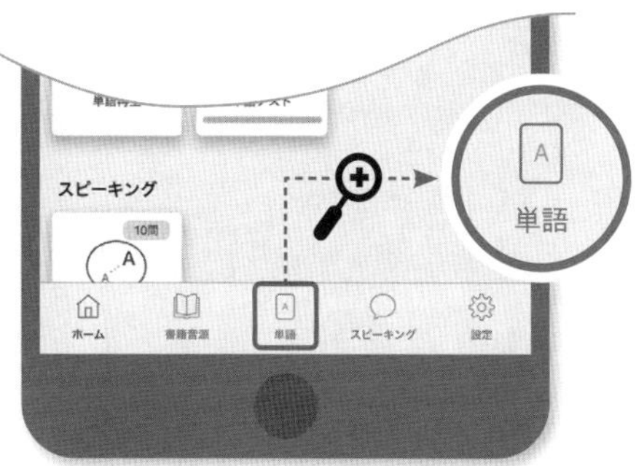

※デザイン，仕様等は予告なく変更される場合があります。

⚠「書籍音源モード」には対応していません。「単語モード」を選んで再生してください。

⚠ 本書の答えの横に書いてある4桁の番号が『英検2級 でる順パス単[5訂版]』の見出し語番号と一致しています。

※本アプリの機能の一部は有料ですが，本書の音声は無料でお聞きいただけます。
※詳しいご利用方法は「英語の友」公式サイト，あるいはアプリ内のヘルプをご参照ください。
※本サービスは予告なく終了することがあります。

単語編

常にでる基本単語 ● 500

Section 1-1

見出し語番号 0001~0100

学習日　　月　　日

正解　　/18問

1 次の語句の意味を**ア**～**エ**から選びなさい。

	問題	選択肢	解答
□	(1) create	**ア** (を) 点検する **イ** (を) つくり出す **ウ** (を) 再生利用する **エ** (を) 探す	イ (0002)
□	(2) research	**ア** 計画　**イ** 教科 **ウ** 説明　**エ** 調査	エ (0048)
□	(3) protect	**ア** を提供する **イ** を探検する **ウ** を保護する **エ** を修理する	ウ (0021)
□	(4) staff	**ア** 教授　**イ** 代理人 **ウ** 患者　**エ** スタッフ	エ (0068)
□	(5) metal	**ア** 金属　**イ** 材料 **ウ** 電池　**エ** 宝石類	ア (0057)
□	(6) park	**ア** に損傷を与える **イ** を駐車する **ウ** を救助する **エ** を持ち上げる	イ (0042)
□	(7) prepare	**ア** (を) 準備する **イ** (を) 固定する **ウ** (を) 演じる **エ** (を) 祝う	ア (0013)
□	(8) situation	**ア** 組織　**イ** 用地 **ウ** 状況　**エ** 見方	ウ (0052)
□	(9) recommend	**ア** を展示する　**イ** を代表する **ウ** を減らす　**エ** を推薦する	エ (0026)

□ (10) actually	ア 主に　イ 実は ウ 後で　エ 特に	イ (0097)
□ (11) flight	ア 手段　イ 政策 ウ 定期航空便　エ 不安	ウ (0088)
□ (12) encourage	ア を促す イ を申し出る ウ に強いる エ を引き起こす	ア (0032)
□ (13) practice	ア 実践　イ 安心 ウ 割引　エ 話題	ア (0073)
□ (14) whether	ア …でない限り イ …かどうか ウ どこで…しようとも エ たとえいつ…しても	イ (0100)

2 次の語句と反対の意味を持つ語句を**ア**～**エ**から選びなさい。

□ (1) improve	⇔ (　　)	イ (0008)
□ (2) waste	⇔ (　　)	エ (0020)
□ (3) expert	⇔ (　　)	ウ (0066)
□ (4) fact	⇔ (　　)	ア (0067)

ア fiction　**イ** worsen　**ウ** amateur　**エ** save

Section 1-2

見出し語番号 0001~0100

学習日　　月　　日

正解　　／22問

1 次の語句の意味を**ア～エ**から選びなさい。

□ (1) increase	**ア** 増加する　**ウ** 競争する	**イ** 集中する　**エ** 鼓動する	ア (0004)
□ (2) discount	**ア** 割引　**ウ** 現金	**イ** 区画　**エ** 合図	ア (0086)
□ (3) disagree	**ア** 返事をする　**ウ** 進化する	**イ** 反応する　**エ** 意見が食い違う	エ (0025)
□ (4) probably	**ア** 極めて　**ウ** まもなく	**イ** 正しく　**エ** たぶん	エ (0096)
□ (5) pay	**ア** 生産　**ウ** 概観	**イ** 給料　**エ** 銀行業務	イ (0044)
□ (6) hire	**ア** を雇う　**ウ** を疑う	**イ** を観察する　**エ** を挿入する	ア (0035)
□ (7) device	**ア** 記録　**ウ** 装置	**イ** 画面　**エ** 暗号	ウ (0054)
□ (8) own	**ア** を選ぶ　**ウ** を得る	**イ** を所有している　**エ** を曲げる	イ (0014)
□ (9) security	**ア** 性質　**ウ** 安全	**イ** 節約　**エ** 努力	ウ (0085)
□ (10) though	**ア** …している間に **イ** …でなければ **ウ** まるで…のように **エ** …だけれども		エ (0098)

2 下線部の語句の意味を**ア〜ウ**から選びなさい。

□	(1) the finest **materials** ア 環境　イ 頭脳　ウ 材料	ウ (0082)
□	(2) **lead** to a new idea ア 頼る　イ つながる　ウ 言及する	イ (0030)
□	(3) get regular **exercise** ア 運動　イ 収入　ウ 健康診断	ア (0055)
□	(4) advanced **technology** ア 生物学　イ 心理学　ウ 科学技術	ウ (0084)
□	(5) **produce** a film ア を制作する　イ を宣伝する　ウ を批評する	ア (0009)
□	(6) have my washing machine **repaired** ア を設置し　イ を修理し　ウ を処分し	イ (0027)
□	(7) economic **benefits** ア 動向　イ 脅威　ウ 利益	ウ (0072)
□	(8) have a good **memory** ア 記憶力　イ 視力　ウ 技能	ア (0077)
□	(9) **care** about her health ア 不平を言う　イ 気にかける　ウ 討論する	イ (0037)
□	(10) have an **effect** on society ア 影響　イ 権威　ウ 信頼	ア (0078)
□	(11) **develop** a new product ア を検査する　イ を開発する　ウ を提案する	イ (0006)
□	(12) the **article** on the front page of the paper ア 話題　イ 画像　ウ 記事	ウ (0081)

訳 (1) 最高の材料　(2) 新しい考えにつながる　(3) 定期的に運動する　(4) 進歩した科学技術　(5) 映画を制作する　(6) 洗濯機を修理してもらう　(7) 経済的利益　(8) 記憶力が良い　(9) 彼女の健康を気にかける　(10) 社会に影響を及ぼす　(11) 新製品を開発する　(12) 新聞の一面記事

Section 1-3

見出し語番号 0001~0100

学習日　　月　　日
正解　　／20問

1 次の語句の意味を**ア〜エ**から選びなさい。

□	(1) reduce	**ア** を減らす **イ** を寄付する **ウ** を信頼する **エ** をこぼす		ア (0007)
□	(2) skill	**ア** 習慣 **ウ** 記録	**イ** 技能 **エ** 練習	イ (0056)
□	(3) damage	**ア** を強調する **イ** を疑う **ウ** に損傷を与える **エ** を強くする		ウ (0024)
□	(4) support	**ア** を支持する **イ** を許す **ウ** を保護する **エ** を描写する		ア (0033)
□	(5) brain	**ア** 程度 **ウ** 臓器	**イ** 銘柄 **エ** 頭脳	エ (0045)
□	(6) check	**ア** を扱う **イ** (を) 検査する **ウ** を消費する **エ** (を) 数える		イ (0015)
□	(7) professor	**ア** 政治家 **ウ** 教授	**イ** 聴衆 **エ** 同室者	ウ (0076)
□	(8) project	**ア** 部門 **イ** (公式の) 会議 **ウ** 展示品 **エ** (組織的) 計画		エ (0080)

2 下線部の語句の意味を答えなさい。

□ (1) can't **tell** what will happen 何が起こるか(　　　)ない	わから (0011)
□ (2) **provide** lunch for the children 子どもたちに昼食(を　　　)	を提供する (0019)
□ (3) **share** a room with a friend 友人と部屋(を　　　)	を共有する (0028)
□ (4) **attract** her attention 彼女の注意(を　　　)	を引く (0031)
□ (5) **train** a dog 犬(を　　　)	を訓練する (0040)
□ (6) in alphabetical **order** アルファベット(　　　)に	順 (0047)
□ (7) heavy **traffic** 激しい(　　　)	交通量 (0059)
□ (8) a **common** language (　　　)語	共通 (0093)
□ (9) a phone **bill** 電話料金の(　　　)	請求書 (0083)
□ (10) receive a better **education** より良い(　　　)を受ける	教育 (0062)
□ (11) club **activities** クラブ(　　　)	活動 (0074)
□ (12) reduce **stress** (　　　)を軽減する	ストレス (0060)

Section 1-4

見出し語番号 0001~0100

学習日　　月　　日
正解　　／20問

1 音声を聞いて語句の意味を**ア～ウ**から選びなさい。
（音声が聞けない場合は語句を見て選びなさい）

□ (1)	ア 実践　イ 恩恵　ウ 結果	result	ウ (0050)
□ (2)	ア 古代の　イ 化学の　ウ 現在の	chemical	イ (0091)
□ (3)	ア 教官　イ 親類　ウ 患者	patient	ウ (0079)
□ (4)	ア 電気　イ 基準　ウ 化学	electricity	ア (0058)
□ (5)	ア 需要　イ 燃料　ウ 成分	fuel	イ (0069)
□ (6)	ア 同僚　イ 従業員　ウ 助手	employee	イ (0061)
□ (7)	ア 正確に　イ 通常は　ウ 最近	recently	ウ (0095)
□ (8)	ア デザイン　イ グラフ　ウ 芸術作品	design	ア (0064)

2 音声を聞いて語句の意味を**ア～エ**から選びなさい。
（音声が聞けない場合は語句を見て選びなさい）

ア（税金など）を課す
イ（費用）がかかる
ウ 見学
エ 経験

□ (1)	cost	イ (0017)
□ (2)	experience	エ (0065)
□ (3)	tour	ウ (0070)
□ (4)	charge	ア (0036)

3 音声を聞いて（　　　）に適切なものを答えなさい。
（音声が聞けない場合は語句を見て答えなさい）

□ (1) 彼が行くの（を　　　）	allow him to go を許す (0012)
□ (2) 自然（　　　）	natural environment 環境 (0049)
□ (3)（　　　）を摂取する	take supplements サプリメント (0090)
□ (4) 問題（を　　　）	cause a problem を引き起こす (0003)
□ (5)（　　　）を行う	make a presentation プレゼンテーション (0063)
□ (6) 援助（を　　　）	offer help を申し出る (0022)
□ (7) 雨が降り（　　　）。	It is likely to rain. そうだ (0094)
□ (8)（　　　）を出す	take the garbage out ゴミ (0053)

Section 1-5

見出し語番号 **0001~0100**

学習日　　月　　日

正解　　／16問

1 次の各文の（　　　）に適する語句を**ア～ク**から選びなさい。

		解答
□	**(1)** I'll (　　　) him know about the party tonight. 私は彼に今夜のパーティーについて知らせるつもりだ。	ク (0001)
□	**(2)** What you wear is a question of your personal (　　　). 何を着るかはあなた個人の好みの問題だ。	キ (0071)
□	**(3)** We (　　　) on the last point. 私たちは最後の点において意見が一致した。	カ (0010)
□	**(4)** One idea (　　　) another during the meeting. 会議中にアイデアが次々と続いた。	オ (0029)
□	**(5)** He tried to hide his mistake by changing the (　　　). 彼は話題を変えることで間違いを隠そうとした。	ア (0075)
□	**(6)** This dam was built to (　　　) the water of the river. このダムはその川の水を蓄えておくために作られた。	ウ (0039)
□	**(7)** The students were told to write a (　　　) of the book. 生徒たちはその本の批評を書くように言われた。	イ (0087)
□	**(8)** The war (　　　) for ten years. その戦争は10年間続いた。	エ (0041)

ア subject　**イ** review　**ウ** store　**エ** lasted
オ followed　**カ** agreed　**キ** taste　**ク** let

2 次の各文の（　　）に適する語句を**ア～エ**から選びなさい。

□	(1) I (　　) the lights on. 私は電灯をつけたままにしておいた。 ア continued　イ fixed　ウ left　エ attached	ウ (0005)
□	(2) The workers have to make products that (　　) the conditions set by the company. 労働者たちは会社によって設定された条件を満たす製品を作らなければならない。 ア shape　イ include　ウ spread　エ meet	エ (0018)
□	(3) The woman (　　) an airline ticket for her boss. 女性は上司のために航空券を予約した。 ア published　イ booked　ウ served　エ completed	イ (0038)
□	(4) My aunt (　　) a small bookstore. おばは小さな本屋を経営している。 ア rents　イ matches　ウ runs　エ affords	ウ (0043)
□	(5) I (　　) that you speak to your teacher. 私はあなたが先生と話をすることを提案する。 ア suggest　イ accept　ウ appreciate　エ require	ア (0016)
□	(6) The company collected a large (　　) of data. その会社は大量のデータを集めた。 ア case　イ effort　ウ period　エ amount	エ (0051)
□	(7) He turned off his (　　). 彼はスマートフォンの電源を切った。 ア license　イ transportation ウ smartphone　エ laptop	ウ (0089)
□	(8) She has been a regular (　　) for over ten years. 彼女は10年以上の固定客である。 ア neighborhood　イ customer ウ officer　エ ancestor	イ (0046)

Section 2-1

見出し語番号 0101~0200

学習日	月	日
正解		/18問

1 次の語句の意味を**ア～エ**から選びなさい。

□ (1) bacteria	**ア** 細菌 **イ** 栄養補助剤 **ウ** 性質 **エ** 増加		ア (0144)
□ (2) lower	**ア** に迷惑をかける **イ** を下げる **ウ** を閉じ込める **エ** を分析する		イ (0128)
□ (3) social	**ア** 年長の **イ** 精神の **ウ** 特定の **エ** 社会の		エ (0194)
□ (4) department	**ア** 青年期 **イ** 検査 **ウ** 部門 **エ** 指紋		ウ (0136)
□ (5) rather	**ア** 正確に **イ** 概して **ウ** 完全に **エ** かなり		エ (0199)
□ (6) solution	**ア** 実習訓練(期間) **イ** 権限 **ウ** 解決(策) **エ** 不一致		ウ (0163)
□ (7) statement	**ア** 陳述 **イ** 報道機関 **ウ** 名声 **エ** 結論		ア (0134)
□ (8) expect	**ア** を成し遂げる **イ** を教育する **ウ** を予期する **エ** を感知する		ウ (0107)
□ (9) realize	**ア** に影響を及ぼす **イ** に似合う **ウ** に値する **エ** に気づく		エ (0127)

□ (10) **distance**	ア 手続き　イ 距離 ウ 勤務　エ 地理	イ (0177)
□ (11) **nowadays**	ア 近ごろは イ 定期的に ウ 生まれつき エ 伝統的に	ア (0195)
□ (12) **trash**	ア データ　イ 薬 ウ ゴミ　エ 措置	ウ (0149)

2 次の語句と反対の意味を持つ語句を**ア**～**カ**から選びなさい。

□ (1) **quit**	⇔ (　　)	カ (0116)
□ (2) **gain**	⇔ (　　)	エ (0130)
□ (3) **harm**	⇔ (　　)	イ (0164)
□ (4) **quality**	⇔ (　　)	オ (0176)
□ (5) **huge**	⇔ (　　)	ウ (0192)
□ (6) **similar**	⇔ (　　)	ア (0189)

ア different　**イ** good　**ウ** tiny
エ lose　**オ** quantity　**カ** continue

Section 2-2

見出し語番号 0101~0200

学習日　　月　　日

正解　　/22問

1 次の語句の意味を**ア**~**エ**から選びなさい。

□	(1) attach	**ア** を信頼する **イ** を消費する **ウ** を代表する **エ** を添付する	エ (0123)
□	(2) sincerely	**ア** 直接に　**イ** もともと **ウ** 心から　**エ** 多少	ウ (0198)
□	(3) population	**ア** 人口　**イ** 秩序 **ウ** 状況　**エ** 発展	ア (0172)
□	(4) attend	**ア** に出席する **イ** をおびえさせる **ウ** にカギをかける **エ** を信頼する	ア (0115)
□	(5) generation	**ア** 思慮　**イ** (同)世代 **ウ** 要素　**エ** (独)房	イ (0174)
□	(6) prevent	**ア** を埋葬する　**イ** を選び出す **ウ** を防ぐ　**エ** を保護する	ウ (0121)
□	(7) sentence	**ア** 学習課題　**イ** 文 **ウ** 成功　**エ** 収入	イ (0139)
□	(8) resident	**ア** 法案　**イ** 居住者 **ウ** 国家　**エ** 熟練者	イ (0175)
□	(9) farming	**ア** 自然　**イ** 事業 **ウ** 共同体　**エ** 農業	エ (0155)
□	(10) moreover	**ア** 不運にも **イ** その上 **ウ** もっと遠くに **エ** 大部分は	イ (0197)

2 下線部の語句の意味を**ア〜ウ**から選びなさい。

□	(1) an **effective** way **ア** さまざまな　**イ** 効果的な　**ウ** 積極的な	イ (0191)
□	(2) receive **treatment** **ア** 影響　**イ** 講義　**ウ** 治療	ウ (0154)
□	(3) **cancel** an order **ア** を取り消す　**イ** に応じる　**ウ** を確認する	ア (0102)
□	(4) in most **cases** **ア** 予想　**イ** 見方　**ウ** 場合	ウ (0156)
□	(5) **land** at the airport **ア** 向かう　**イ** 着陸する　**ウ** たどり着く	イ (0132)
□	(6) a **certain** number of hours **ア** 一定の　**イ** 十分な　**ウ** わずかな	ア (0188)
□	(7) **relax** over a cup of coffee **ア** 不平を言う　**イ** 議論する　**ウ** くつろぐ	ウ (0103)
□	(8) **recycle** old newspapers **ア** を捨てる　**イ** を再生利用する　**ウ** を畳む	イ (0118)
□	(9) raise money for a **charity** **ア** 慈善事業　**イ** 総会　**ウ** 観光事業	ア (0168)
□	(10) a meeting with **clients** **ア** 同僚　**イ** 顧客　**ウ** 政治家	イ (0143)
□	(11) **decrease** the number of traffic accidents **ア** を公表する　**イ** を減らす　**ウ** を調査する	イ (0122)
□	(12) **invent** a new technique **ア** を支援する　**イ** を応用する　**ウ** を考案する	ウ (0120)

訳　(1) 効果的な方法　(2) 治療を受ける　(3) 注文を取り消す　(4) たいていの場合
(5) 空港に着陸する　(6) 一定の時間　(7) コーヒーを１杯飲みながらくつろぐ
(8) 古新聞を再生利用する　(9) 慈善事業のために金を集める　(10) 顧客との会議
(11) 交通事故の件数を減らす　(12) 新しい技術を考案する

Section 2-3

見出し語番号 0101~0200

学習日	月	日
正解		/20問

1 次の語句の意味をア～エから選びなさい。

□ (1) somewhere	ア 近ごろは イ その上 ウ どこかに エ 町の中心部へ	ウ (0196)
□ (2) site	ア 場所　イ 化石 ウ 地方　エ 目標	ア (0151)
□ (3) include	ア を保存する イ を見積もる ウ を飾る エ を含む	エ (0114)
□ (4) industry	ア 例　イ 産業 ウ 沿岸　エ 節約	イ (0166)
□ (5) insect	ア 虫　イ 意味 ウ 細胞　エ 努力	ア (0135)
□ (6) present	ア 最初の イ 頻繁な ウ 詳細な エ 現在の	エ (0182)
□ (7) shape	ア を検査する イ を形作る ウ を準備する エ を取り除く	イ (0124)
□ (8) access	ア 入手方法 イ 有利な点 ウ 取り組み エ 小道	ア (0173)

2 下線部の語句の意味を答えなさい。

□ (1) **fix** the doorknob ドアの取っ手(を　　　)	を修理する(0112)
□ (2) in the local **community** 地元の(　　　)で	地域社会(0140)
□ (3) public **opinion** 世(　　　)	論(0170)
□ (4) be **required** to wear a helmet ヘルメットの着用が(　　　)られる	求め(0109)
□ (5) an **announcement** in English 英語の(　　　)	アナウンス(0157)
□ (6) **continue** to increase 増え(　　　)	続ける(0108)
□ (7) **suffer** from pain 痛みで(　　　)	苦しむ(0111)
□ (8) take **medicine** (　　　)を服用する	薬(0169)
□ (9) **prefer** fish to meat 肉よりも魚(を　　　)	を好む(0117)
□ (10) human **nature** 人間(　　　)	性(0146)
□ (11) a **serious** illness (　　　)病気	深刻な(0193)
□ (12) collect **data** (　　　)を集める	データ(0162)

Section 2-4

見出し語番号 0101~0200

学習日　　月　　日
正解　　/20問

1 音声を聞いて語句の意味をア～エから選びなさい。
（音声が聞けない場合は語句を見て選びなさい）

ア 機器　イ 種類
ウ 職業　エ 著者

□	(1)	variety	イ (0178)
□	(2)	instrument	ア (0141)
□	(3)	author	エ (0158)
□	(4)	career	ウ (0179)

2 音声を聞いて語句の意味をア～ウから選びなさい。
（音声が聞けない場合は語句を見て選びなさい）

□	(1)	ア を移す　イ を交換し合う ウ を強調する	exchange	イ (0126)
□	(2)	ア 最近の　イ 先の　ウ 歴史の	recent	ア (0183)
□	(3)	ア 洞窟　イ 量 ウ 食料雑貨店	grocery	ウ (0148)
□	(4)	ア を分析する　イ を加える ウ を回す	add	イ (0104)
□	(5)	ア に似合う　イ に資格を与える ウ にやる気を起こさせる	suit	ア (0131)
□	(6)	ア 理想的な　イ さまざまな ウ 有益な	various	イ (0190)

□ (7) ア を拡大する　イ だと思う ウ に懇願する	guess	イ (0129)
□ (8) ア 急速な　イ 安定した ウ 余分の	extra	ウ (0185)

3 音声を聞いて（　　　）に適切なものを答えなさい。
（音声が聞けない場合は語句を見て答えなさい）

□ (1) （　　　）書店	a nearby bookstore 近くの (0187)
□ (2) 家（を　　　）	purchase a house を購入する (0106)
□ (3) 製品リストの（　　　）	items on the product list 品目 (0180)
□ (4) （　　　）を守る	protect the earth 地球 (0147)
□ (5) オンラインで（　　　）	be available online 手に入る (0184)
□ (6) サッカークラブの（　　　）	an advertisement for the soccer club 広告 (0160)
□ (7) ロックバンド（を　　　）	form a rock band を結成する (0101)
□ (8) 問題（に　　　）	face a problem に直面する (0119)

Section 2-5

見出し語番号 0101~0200

学習日　　月　　日

正解　　／16問

1 次の各文の（　　　）に適する語句を**ア～ク**から選びなさい。

□	**(1)** I was (　　　) first prize. 私は1等賞を与えられた。	ク (0133)
□	**(2)** He began to support female (　　　) in marathon races. 彼はマラソンの女性参加者を支援し始めた。	カ (0167)
□	**(3)** She hopes to enter an international swimming (　　　) in the near future. 彼女は近い将来，国際水泳競技会に出場することを望んでいる。	エ (0165)
□	**(4)** Exercising is a good (　　　) for reducing stress. 運動はストレスを軽減する良い方法だ。	イ (0150)
□	**(5)** She has to make a full (　　　) by the end of the month. 彼女は月末までに全額の支払いをしなければならない。	オ (0171)
□	**(6)** He is a professor of (　　　) at a university in the U.S. 彼はアメリカの大学の生物学の教授である。	ウ (0159)
□	**(7)** My doctor advised me to cut down on sugar and (　　　) to lose weight. 医師は，減量のために糖分と脂肪の摂取を減らすよう私に忠告した。	ア (0138)
□	**(8)** The boy (　　　) the bucket with water. 男の子は水でバケツを満たした。	キ (0125)

ア fat　**イ** method　**ウ** biology　**エ** competition
オ payment　**カ** participants　**キ** filled　**ク** awarded

2 次の各文の（　　）に適する語句を**ア〜エ**から選びなさい。

□ (1) The event was highly (　　).
そのイベントは見事に成功を収めた。
ア romantic　イ successful
ウ creative　エ exclusive
イ (0186)

□ (2) She has a different (　　) from mine.
彼女は私とは異なる見解を持っている。
ア view　イ gap　ウ length　エ budget
ア (0181)

□ (3) She usually watches a video on her (　　) computer on the train.
彼女はたいてい電車の中ではタブレットコンピューターでビデオを見る。
ア wire　イ suburb　ウ tribe　エ tablet
エ (0152)

□ (4) She formed an (　　) that saves endangered animals.
彼女は絶滅危惧種の動物を救う組織を創設した。
ア occasion　イ attraction
ウ organization　エ exception
ウ (0153)

□ (5) I need to (　　) a carpet with a new one.
カーペットを新しいものと取り替える必要がある。
ア lay　イ compose　ウ replace　エ register
ウ (0110)

□ (6) I lost my key so I (　　) the police.
カギをなくしてしまったので警察に連絡した。
ア corrected　イ contacted　ウ confused　エ chased
イ (0105)

□ (7) You can't enter without the (　　) of the golf club.
ゴルフクラブの会員資格がなければ入場できない。
ア membership　イ receipt　ウ layer　エ newsletter
ア (0137)

□ (8) My grandfather has so many hobbies to enjoy after (　　).
私の祖父には退職後に楽しめる趣味がたくさんある。
ア anniversary　イ calculation
ウ retirement　エ reward
ウ (0145)

Section 3-1

見出し語番号 0201~0300

学習日	月	日
正解		/18問

1 次の語句の意味を**ア～エ**から選びなさい。

	問題	選択肢	正解
□	(1) clothing	**ア** 衣類　**イ** 接近 **ウ** 用具　**エ** 関連	ア (0248)
□	(2) donate	**ア** を折る **イ** を寄付する **ウ** を回す **エ** を感心させる	イ (0217)
□	(3) head	**ア** 消費者　**イ** 聴衆 **ウ** 監視人　**エ** 責任者	エ (0244)
□	(4) afford	**ア** を持つ余裕がある **イ** を混同する **ウ** を促進する **エ** を高める	ア (0216)
□	(5) sense	**ア** 衝撃　**イ** 感覚 **ウ** 決意　**エ** 利益	イ (0239)
□	(6) promise	**ア** (を) 投資する **イ** (を) 登録する **ウ** (に) 約束する **エ** (に) 役立つ	ウ (0218)
□	(7) regularly	**ア** 誠実に　**イ** 定期的に **ウ** 特別に　**エ** 静かに	イ (0294)
□	(8) consider	**ア** をみなす **イ** を分析する **ウ** を獲得する **エ** を明確に示す	ア (0204)
□	(9) evidence	**ア** 発展　**イ** 理論 **ウ** 証拠　**エ** 接続	ウ (0265)

□ (10) survey	ア 手段　ウ 側面	イ 力　エ 調査	エ (0279)
□ (11) public	ア 公の　ウ 経済の	イ 医学の　エ 最初の	ア (0285)

2 次の語句と反対の意味を持つ語句を**ア**～**キ**から選びなさい。

□ (1) remove	⇔	(　　)	エ (0205)
□ (2) accept	⇔	(　　)	ア (0230)
□ (3) guest	⇔	(　　)	キ (0252)
□ (4) success	⇔	(　　)	イ (0245)
□ (5) particular	⇔	(　　)	ウ (0282)
□ (6) original	⇔	(　　)	オ (0287)
□ (7) empty	⇔	(　　)	カ (0290)

ア refuse　イ failure　ウ general　エ insert
オ final　カ full　キ host

Section 3-2

見出し語番号 0201~0300

学習日　月　日

正解　／20問

1 次の語句の意味をア～エから選びなさい。

	選択肢	解答
□ (1) period	ア 選択　イ 影響 ウ 期間　エ 伝承	ウ (0260)
□ (2) rise	ア 呼吸する イ こぼれる ウ 横になる エ 上昇する	エ (0235)
□ (3) crime	ア 犯罪　イ 棚 ウ 不足　エ 率	ア (0273)
□ (4) match	ア (を) 予測する イ (と) 調和する ウ (に) 抗議する エ (の) 質を高める	イ (0221)
□ (5) opportunity	ア 費用　イ 損失 ウ 機会　エ 結論	ウ (0246)
□ (6) depend	ア 急いで行く イ 進歩する ウ 反発する エ 当てにする	エ (0228)
□ (7) neighborhood	ア 割合　イ 近所 ウ 区画　エ 記録	イ (0266)
□ (8) instance	ア 例　イ 部門 ウ 保険　エ 周期	ア (0249)
□ (9) argue	ア と結婚する イ と主張する ウ を続ける エ を含む	イ (0229)

2 下線部の語句の意味を**ア**～**ウ**から選びなさい。

□	**(1)** a travel **agency** **ア** 産業　**イ** 団体　**ウ** 代理店	ウ (0264)
□	**(2)** leave **immediately** **ア** きっと　**イ** すぐに　**ウ** 徐々に	イ (0296)
□	**(3)** **point** to the door **ア** 指し示す　**イ** 確かめる　**ウ** 気にかける	ア (0237)
□	**(4)** the **invention** of the computer **ア** 装置　**イ** 発明　**ウ** 経験	イ (0262)
□	**(5)** Don't **disappoint** me. **ア** をおびえさせ　**イ** を動揺させ　**ウ** を失望させ	ウ (0231)
□	**(6)** a **surprising** fact **ア** 驚くべき　**イ** つらい　**ウ** 不変の	ア (0293)
□	**(7)** **Unfortunately**, she lost her passport. **ア** とうとう　**イ** 不運にも　**ウ** 実は	イ (0298)
□	**(8)** **economic** growth **ア** 経済の　**イ** 長期の　**ウ** 精神の	ア (0288)
□	**(9)** **contain** useful information **ア** を評価する　**イ** を示す　**ウ** を含む	ウ (0202)
□	**(10)** **publish** a paper **ア** を共有する　**イ** を発表する　**ウ** を仕上げる	イ (0208)
□	**(11)** donate unused **goods** **ア** 品　**イ** 顕微鏡　**ウ** 入れ物	ア (0241)

訳 (1) 旅行代理店　(2) すぐに出発する　(3) ドアの方を指し示す　(4) コンピューターの発明　(5) 私を失望させないで。　(6) 驚くべき事実　(7) 不運にも，彼女はパスポートをなくした。　(8) 経済成長　(9) 役に立つ情報を含む　(10) 論文を発表する　(11) 未使用の品を寄付する

Section 3-3

見出し語番号 0201~0300

学習日	月	日
正解		/22問

1 次の語句の意味を**ア**～**エ**から選びなさい。

問題	選択肢	解答
□ (1) climate	**ア** 農業 **イ** (研究・調査などの) 方法 **ウ** 自然 **エ** (ある地域の平均的な) 気候	エ (0278)
□ (2) nervous	**ア** 最近の　**イ** 心配して **ウ** 成功した　**エ** 極度の	イ (0289)
□ (3) fee	**ア** 経歴　**イ** 品物 **ウ** 意見　**エ** 料金	エ (0243)
□ (4) salary	**ア** 給料　**イ** 事例 **ウ** 勘定　**エ** 勤勉	ア (0270)
□ (5) complete	**ア** を添付する　**イ** を妨げる **ウ** を完成させる　**エ** を考案する	ウ (0233)
□ (6) graduate	**ア** 減少する　**イ** 卒業する **ウ** 患う　**エ** 緩む	イ (0214)
□ (7) rent	**ア** を取り替える **イ** を賃借りする **ウ** を要求する **エ** を飾る	イ (0213)
□ (8) downtown	**ア** 町の中心部へ　**イ** どこかに **ウ** 不運にも　**エ** 最近	ア (0299)
□ (9) avoid	**ア** を組織する　**イ** を取り消す **ウ** を避ける　**エ** を加える	ウ (0201)
□ (10) kill	**ア** (時間・計画) をつぶす **イ** を提案する **ウ** (要求・条件など) を満たす **エ** を広げる	ア (0222)

2 下線部の語句の意味を答えなさい。

□ (1) ways of **communication** (　　)手段	コミュニケーション (0256)
□ (2) **organize** a party パーティー(を　　)	を計画する (0206)
□ (3) meet a **deadline** (　　)に間に合う	締切 (0274)
□ (4) be **involved** in an accident 事故に(　　)れる	巻き込ま (0225)
□ (5) **employ** experts 専門家(を　　)	を雇う (0224)
□ (6) play a big **role** 大きな(　　)を果たす	役割 (0275)
□ (7) a **global** movement for human rights 人権のための(　　)運動	地球全体の (0291)
□ (8) brain **cells** 脳(　　)	細胞 (0242)
□ (9) **edit** a long speech 長いスピーチ(を　　)	を編集する (0232)
□ (10) at room **temperature** 室(　　)で	温 (0269)
□ (11) It has not rained **lately**. (　　)雨が降っていない。	近ごろ (0295)
□ (12) **perform** in a huge hall 巨大なホールで(　　)	演じる (0226)

Section 3-4

見出し語番号 0201~0300

学習日　月　日
正解　/20問

1 音声を聞いて語句の意味を**ア**~**エ**から選びなさい。
(音声が聞けない場合は語句を見て選びなさい)

ア を扱う
イ に影響を及ぼす
ウ 措置
エ 決定

□	(1)	affect	イ (0209)
□	(2)	treat	ア (0210)
□	(3)	decision	エ (0240)
□	(4)	measure	ウ (0268)

2 音声を聞いて語句の意味を**ア**~**ウ**から選びなさい。
(音声が聞けない場合は語句を見て選びなさい)

□	(1)	**ア** 参加する **イ** 意思疎通する **ウ** 反応する	communicate	イ (0215)
□	(2)	**ア** 経済　**イ** 地方　**ウ** 証拠	economy	ア (0251)
□	(3)	**ア** 目標　**イ** 重圧　**ウ** 努力	effort	ウ (0259)
□	(4)	**ア** 言及する **イ** 広まる **ウ** 鼓動する	spread	イ (0227)
□	(5)	**ア** 海岸　**イ** 方向　**ウ** 近所	coast	ア (0257)
□	(6)	**ア** 基準　**イ** 収入　**ウ** 期限	income	イ (0254)

☐ (7) ア 頻繁な イ まじめな ウ 有効な	frequent	ア (0292)
☐ (8) ア 項目　イ 視野　ウ 生き物	creature	ウ (0271)

3 音声を聞いて（　　　）に適切なものを答えなさい。
（音声が聞けない場合は語句を見て答えなさい）

☐ (1) オリンピックに（　　　）	participate in the Olympics 参加する (0211)
☐ (2) 静かな地域に（　　　）	be located in a quiet area 位置する (0220)
☐ (3) この方法の（　　　）	the advantage of this method 利点 (0258)
☐ (4) 鮮明な（　　　）	a clear image 画像 (0276)
☐ (5) ある考えが私の心に（　　　）。	An idea occurred to me. 思い浮かんだ (0223)
☐ (6)（　　　）が豊富な野菜	a vegetable rich in vitamins ビタミン (0281)
☐ (7) 携帯用（　　　）	a portable laptop ノートパソコン (0263)
☐ (8)（　　　）療	medical treatment 医 (0286)

Section 3-5

見出し語番号 0201~0300

学習日　　月　　日

正解　　/16問

1 次の各文の（　　）に適する語句を**ア～ク**から選びなさい。

□	(1) Eating too many sweets is (　　) for the body. 甘いものを食べ過ぎることは体に有害だ。	カ (0283)
□	(2) The problem (　　) unsolved. その問題は未解決のままである。	ア (0219)
□	(3) The people in the (　　) marched for social justice. その運動をする人々は社会的正義を求めて行進した。	キ (0247)
□	(4) This umbrella is small and (　　) to carry. この傘は小さくて持ち運びに都合がいい。	ウ (0284)
□	(5) Rising oil prices will affect (　　) costs. 石油価格の上昇は輸送費に影響を及ぼすだろう。	ク (0255)
□	(6) At this museum, the number of visitors (　　) to be increasing. この博物館では，来館者数が増加しているように見える。	オ (0212)
□	(7) The science (　　) was a success. その科学実験は成功だった。	エ (0280)
□	(8) My sister got her driver's (　　) on her birthday. 私の姉［妹］は誕生日に運転免許証を取得した。	イ (0261)

ア remains　イ license　ウ convenient　エ experiment
オ appears　カ harmful　キ movement　ク transportation

2 次の各文の（　　　）に適する語句を**ア～エ**から選びなさい。

☐ **(1)** I have an (　　　) with my client today.　**ア (0267)**

私は今日顧客と会う約束がある。

ア appointment　イ average
ウ organ　エ object

☐ **(2)** My uncle asked me to (　　　) his farm during his summer vacation.　**イ (0203)**

おじは彼の夏休みの間，彼の農場を管理するよう私に頼んだ。

ア gather　イ manage　ウ delay　エ apply

☐ **(3)** It was cold that day. (　　　), it became very windy.　**エ (0297)**

その日は寒かった。その上，とても風が強くなった。

ア Effectively　イ Currently
ウ Indeed　エ Furthermore

☐ **(4)** You need to (　　　) your dog twice a day.　**ウ (0236)**

あなたは犬に１日２回エサを与える必要がある。

ア release　イ click　ウ feed　エ upset

☐ **(5)** We ate the (　　　) of the cake.　**エ (0253)**

私たちはケーキの残りを食べた。

ア role　イ survey　ウ measure　エ rest

☐ **(6)** There is less communication among the people in the neighborhood in modern (　　　).　**イ (0277)**

現代社会では近所の人々の間でのコミュニケーションが減っている。

ア cell　イ society　ウ image　エ evidence

☐ **(7)** Even taxi drivers need (　　　) sometimes.　**ウ (0272)**

タクシーの運転手でさえ時には行き方の指示を必要とする。

ア periods　イ agencies
ウ directions　エ opportunities

☐ **(8)** She played a great game (　　　) the rain.　**ア (0300)**

彼女は雨にもかかわらず，素晴らしい試合をした。

ア despite　イ except
ウ throughout　エ plus

Section 4-1

見出し語番号 0301~0400

学習日　　月　　日

正解　　／18問

1 次の語句の意味を**ア**～**エ**から選びなさい。

□ (1) conversation	**ア** 改善 **ウ** 需要	**イ** 会話 **エ** 生産	イ (0351)
□ (2) blanket	**ア** 毛布 **ウ** ランプ	**イ** 棚 **エ** 層	ア (0352)
□ (3) compare	**ア** を賃借りする **イ** を失望させる **ウ** を比較する **エ** を保存する		ウ (0330)
□ (4) click	**ア** を供給する **イ** を編集する **ウ** をこぼす **エ** をクリックする		エ (0317)
□ (5) instructor	**ア** 旅行者 **ウ** 教官	**イ** 同室者 **エ** 専門家	ウ (0365)
□ (6) past	**ア** 全体的な **イ** 過去の **ウ** 最初の **エ** 太陽の		イ (0388)
□ (7) environmentally	**ア** 環境(保護)の点で **イ** 伝統的に **ウ** 結局(は) **エ** 直ちに		ア (0399)
□ (8) skin	**ア** 天井 **ウ** 肌	**イ** 枠 **エ** 洞窟	ウ (0379)
□ (9) relationship	**ア** 信頼 **ウ** 喜び	**イ** 協調性 **エ** 関係	エ (0343)

☐ (10) **discovery**	ア 貯蔵 ウ 予測	イ 発見 エ 価値	イ (0357)
☐ (11) **valuable**	ア 高価な ウ 最近の	イ 社会の エ まじめな	ア (0391)

2 次の語句と反対の意味を持つ語句を**ア**～**キ**から選びなさい。

☐ (1) **destroy**	⇔	(　　)	イ (0307)
☐ (2) **connect**	⇔	(　　)	カ (0327)
☐ (3) **rare**	⇔	(　　)	ウ (0384)
☐ (4) **personal**	⇔	(　　)	オ (0386)
☐ (5) **negative**	⇔	(　　)	キ (0393)
☐ (6) **majority**	⇔	(　　)	エ (0341)
☐ (7) **knowledge**	⇔	(　　)	ア (0356)

ア ignorance　イ construct　ウ common　エ minority
オ public　カ separate　キ positive

Section 4-2

見出し語番号 0301~0400

学習日　　月　　日
正解　　／20問

1 次の語句の意味をア～エから選びなさい。

□ (1) classic	ア (文学・芸術などが) 最高水準の イ 持ち運びできる ウ 環境の エ (衣服が) カジュアルな	ア (0395)
□ (2) scene	ア 略歴　イ 現場 ウ 商売　エ 障壁	イ (0375)
□ (3) director	ア 映画監督 イ 支持者 ウ 犯人 エ 身内	ア (0368)
□ (4) concentrate	ア 苦しむ イ 続く ウ 集中する エ 卒業する	ウ (0309)
□ (5) balance	ア 意見 イ 国境 ウ 態度 エ つり合い	エ (0364)
□ (6) release	ア を修理する イ を放つ ウ を要求する エ を妨げる	イ (0318)
□ (7) solar	ア 太陽の　イ 主要な ウ 公式の　エ 神秘的な	ア (0389)
□ (8) ingredient	ア 説明書　イ 警告 ウ 材料　エ 災難	ウ (0360)

2 下線部の語句の意味をア～ウから選びなさい。

□	(1) **complain** about everything ア 不平を言う　イ 応じる　ウ 奮闘する	ア (0301)
□	(2) **Eventually**, the team lost the game. ア 従って　イ 完全に　ウ 結局	ウ (0400)
□	(3) examine the **object** ア 角度　イ 物体　ウ 起源	イ (0346)
□	(4) the **aim** of the class ア 価値　イ 管理　ウ 狙い	ウ (0372)
□	(5) with the **development** of technology ア 発達　イ 強さ　ウ 根拠	ア (0366)
□	(6) **respect** an artist ア を記憶する　イ を尊敬する　ウ を目撃する	イ (0325)
□	(7) provide **details** ア 仮説　イ 合図　ウ 詳細	ウ (0337)
□	(8) She **married** him. ア の邪魔をした　イ と結婚した　ウ を動揺させた	イ (0314)
□	(9) **electric** appliances ア 中古の　イ 環境に優しい　ウ 電気の	ウ (0381)
□	(10) tire **pressure** ア 空気圧　イ 表面　ウ 状態	ア (0376)
□	(11) **apply** to a college ア 通学する　イ 出願する　ウ 意見が一致する	イ (0319)
□	(12) **gather** information ア を収集する　イ を公表する　ウ を確かめる	ア (0328)

訳 (1) あらゆることに不平を言う　(2) 結局，チームは試合に負けてしまった。
(3) その物体を調べる　(4) その授業の狙い　(5) 科学技術の発達で　(6) 芸術家を尊敬する
(7) 詳細を示す　(8) 彼女は彼と結婚した。　(9) 電化製品　(10) タイヤの空気圧　(11) 大学に出願する
(12) 情報を収集する

Section 4-3

見出し語番号 0301~0400

学習日	月	日
正解		/22問

1 次の語句の意味を**ア～エ**から選びなさい。

□ (1) challenge	ア 感覚 ウ 決定	イ 思慮 エ 難題	エ (0358)
□ (2) recognize	ア を保存する イ を見分ける ウ を台無しにする エ を収める		イ (0322)
□ (3) agent	ア 政治家 ウ 仲介者	イ 観衆 エ 家庭教師	ウ (0361)
□ (4) response	ア 応答 ウ 展示	イ 化石 エ 地方	ア (0377)
□ (5) officer	ア 訪問客 ウ 重役	イ 警察官 エ 消費者	イ (0350)
□ (6) official	ア 公式の ウ 有益な	イ 対面の エ 理想的な	ア (0390)
□ (7) battery	ア 鋼鉄 ウ 電池	イ 保険 エ 衛星	ウ (0345)
□ (8) confident	ア 頻繁な イ 心配して ウ きまりの悪い エ 確信して		エ (0387)
□ (9) adopt	ア を要請する ウ を評価する	イ を採用する エ を詰める	イ (0333)
□ (10) trail	ア (2学期制の) 学期 イ 遊覧航海 ウ (山中の) 小道 エ リズム		ウ (0374)

2 下線部の語句の意味を答えなさい。

□ (1) turn off the **air conditioner** (　　)を消す	エアコン (0348)
□ (2) **hand** a report to the teacher 先生にレポート(を　　)	を手渡す (0329)
□ (3) prevent **global warming** (　　)を防ぐ	地球温暖化 (0353)
□ (4) public **facilities** 公共(　　)	施設 (0371)
□ (5) an **efficient** way of studying (　　)勉強法	能率的な (0385)
□ (6) develop computer **software** コンピューター(　　)を開発する	ソフトウェア (0347)
□ (7) be **upset** about the news 知らせに(　　)	動揺する (0306)
□ (8) solve international **issues** 国際的な(　　)を解決する	問題 (0339)
□ (9) My wet shirt **stuck** to my skin. 濡れたシャツが肌に(　　)。	くっついた (0332)
□ (10) a car **engine** 車の(　　)	エンジン (0349)
□ (11) **celebrate** the New Year 新年(を　　)	を祝う (0326)
□ (12) **current** social problems (　　)社会問題	現在の (0382)

Section 4-4

見出し語番号 0301~0400

学習日　月　日
正解　/20問

1 音声を聞いて語句の意味を**ア～ウ**から選びなさい。
（音声が聞けない場合は語句を見て選びなさい）

□ (1)	**ア** を飾る **イ** を向上させる **ウ** を引き起こす	decorate	ア (0302)
□ (2)	**ア** 利用者　**イ** 同僚　**ウ** 店員	clerk	ウ (0338)
□ (3)	**ア** を賃借りする　**イ** を見積もる **ウ** を治療する	estimate	イ (0310)
□ (4)	**ア** (を) 準備する　**イ** (を) 点検する **ウ** (を) 探す	search	ウ (0316)
□ (5)	**ア** を寄付する　**イ** を宣伝する **ウ** を経営する	advertise	イ (0313)
□ (6)	**ア** を認める　**イ** を離す **ウ** を輸送する	separate	イ (0315)
□ (7)	**ア** 取り組み方　**イ** 申し込み **ウ** 構造	approach	ア (0340)
□ (8)	**ア** (組織的) 計画 **イ** (個人的な) 習慣 **ウ** (専門的) 技術	technique	ウ (0367)
□ (9)	**ア** に頼む　**イ** に会う　**ウ** に気づく	request	ア (0312)

2 音声を聞いて語句の意味を**ア～エ**から選びなさい。
(音声が聞けない場合は語句を見て選びなさい)

ア 地域　**イ** 乗り物
ウ 病気　**エ** 筋肉

□ (1)	vehicle	イ (0378)
□ (2)	region	ア (0370)
□ (3)	disease	ウ (0355)
□ (4)	muscle	エ (0359)

3 音声を聞いて (　　　) に適切なものを答えなさい。
(音声が聞けない場合は語句を見て答えなさい)

□ (1) インドから (　　　) 来る	come directly from India 直接 (0397)
□ (2) (　　　) を催す	hold an exhibition 展覧会 (0369)
□ (3) (　　　) 服装	casual clothes カジュアルな (0392)
□ (4) 彼の助け (に　　　)	appreciate his help に感謝する (0331)
□ (5) (　　　) を克服する	overcome fear 恐れ (0362)
□ (6) (　　　) 問題	a major problem 主要な (0394)
□ (7) (　　　) を仕上げる	complete an assignment 課題 (0373)

Section 4-5

見出し語番号 0301~0400

学習日　　月　　日

正解　　／16問

1 次の各文の（　　）に適する語句を**ア〜ク**から選びなさい。

□	**(1)** The curtains (　　) the windows perfectly. そのカーテンは窓の寸法にぴったり合う。	オ (0321)
□	**(2)** It's hard for me to understand the latest (　　). 私には最新の流行を理解するのは難しい。	カ (0363)
□	**(3)** The tennis club needs to buy new (　　). そのテニスクラブは新しい用具を購入する必要がある。	ア (0344)
□	**(4)** It is important to (　　) different cultures. さまざまな文化を保存することは重要なことだ。	イ (0303)
□	**(5)** A good (　　) for building a hotel is next to the river. ホテルを建てるのに適した場所は川のそばである。	ク (0342)
□	**(6)** I (　　) clothes into a suitcase for my trip. 私は旅行のためにスーツケースに衣服を詰めた。	エ (0320)
□	**(7)** Drunk driving is against the (　　). 飲酒運転は法律に反する。	ウ (0354)
□	**(8)** The plane was (　　) because of the heavy snow. 飛行機は大雪のせいで遅延した。	キ (0323)

ア equipment　**イ** preserve　**ウ** law　**エ** packed
オ fit　**カ** fashion　**キ** delayed　**ク** location

2 次の各文の（　　）に適する語句を**ア～エ**から選びなさい。

□ **(1)** The scientists are hunting for (　　).
科学者たちは化石を探している。
ア layers　イ fossils　ウ periods　エ creatures
イ (0380)

□ **(2)** I was (　　) to participate in the marathon, but I had a cold that day.
私はマラソンに参加することになっていたが，その日風邪をひいていた。
ア supposed　イ caused　ウ followed　エ attracted
ア (0311)

□ **(3)** We (　　) the problem with him.
私たちは彼とその問題について議論した。
ア supported　イ raised
ウ discussed　エ charged
ウ (0305)

□ **(4)** She belongs to a local group that deals with (　　) issues.
彼女は環境問題に取り組む地元団体に入っている。
ア convenient　イ economic
ウ efficient　エ environmental
エ (0383)

□ **(5)** The analyst explained the economic (　　).
その分析者は経済動向を説明した。
ア trend　イ evidence　ウ measure　エ role
ア (0335)

□ **(6)** This hat was made (　　) for you.
この帽子は特にあなたのために作られた。
ア eventually　イ properly
ウ rapidly　エ especially
エ (0396)

□ **(7)** They (　　) goods from the U.S. to Japan by ship.
彼らはアメリカから日本に船で品物を輸送する。
ア store　イ transport　ウ include　エ recycle
イ (0324)

□ **(8)** I made a (　　) for dinner tomorrow at 6 p.m.
明日午後6時に夕食の予約をした。
ア relationship　イ challenge
ウ reservation　エ promotion
ウ (0336)

Section 5-1

見出し語番号 0401~0500

学習日　　月　　日

正解　　/18問

1 次の語句の意味を**ア～エ**から選びなさい。

□ (1) safety	ア 立場　イ 安全(性) ウ 警備　エ 交通(量)	イ (0435)
□ (2) count	ア (を)数える イ (を)探す ウ を詰める エ を保存する	ア (0402)
□ (3) promotion	ア 流行　イ 狙い ウ 昇級　エ 成分	ウ (0425)
□ (4) crop	ア 地方　イ 作物 ウ 目的　エ 現金	イ (0441)
□ (5) deliver	ア を消費する イ をおびえさせる ウ の邪魔をする エ を配達する	エ (0413)
□ (6) policy	ア 感情　イ 利益 ウ 政策　エ 距離	ウ (0462)
□ (7) countryside	ア 田舎　イ 障壁 ウ 路地　エ 頂点	ア (0429)
□ (8) positive	ア ありふれた イ 正確な ウ 肯定的な エ 独特の	ウ (0470)
□ (9) lay	ア を離す イ をつなぐ ウ (物)を手渡す エ (卵)を産む	エ (0419)

□ (10) traditionally	ア 完全に　イ 伝統的に ウ 直接に　エ 特に	イ (0488)
□ (11) indeed	ア 礼儀正しく イ 近ごろは ウ 事実として エ 不運にも	ウ (0492)
□ (12) gallery	ア 温室　イ 美術館 ウ 寮　エ 洞穴	イ (0455)
□ (13) valley	ア 層　イ 癖 ウ 職　エ 谷	エ (0458)

2 次の語句と反対の意味を持つ語句を**ア**～**オ**から選びなさい。

□ (1) aware	⇔	(　　)	ア (0471)
□ (2) physical	⇔	(　　)	オ (0483)
□ (3) private	⇔	(　　)	ウ (0474)
□ (4) individual	⇔	(　　)	イ (0477)
□ (5) violent	⇔	(　　)	エ (0479)

ア ignorant　イ collective　ウ public　エ gentle　オ mental

Section 5-2

見出し語番号 0401~0500

学習日　月　日

正解　/22問

1 次の語句の意味を**ア**～**エ**から選びなさい。

□ (1) death	**ア** 富　**ウ** 角	**イ** 面　**エ** 死	エ (0451)
□ (2) remind	**ア** に出席する **イ** に思い出させる **ウ** に気づく **エ** に影響を及ぼす		イ (0403)
□ (3) dramatically	**ア** 大部分は　**ウ** 劇的に	**イ** 素早く　**エ** 礼儀正しく	ウ (0497)
□ (4) healthcare	**ア** 温室　**ウ** 体型	**イ** 医療　**エ** 基礎	イ (0432)
□ (5) flexible	**ア** 融通の利く **イ** 絶えず続く **ウ** 才能がある **エ** ためになる		ア (0476)
□ (6) roll	**ア** を浪費する　**ウ** を蓄える	**イ** を巻く　**エ** を形作る	イ (0416)
□ (7) real-estate	**ア** 不動産の　**ウ** 本質的な	**イ** 貴重な　**エ** 中古の	ア (0487)
□ (8) chemistry	**ア** 地理学　**ウ** 化学	**イ** 電子工学　**エ** 心理学	ウ (0445)
□ (9) improvement	**ア** 光栄　**ウ** 講義	**イ** 根拠　**エ** 改善	エ (0426)
□ (10) rapidly	**ア** 本当に　**ウ** 急速に	**イ** もっと遠くに　**エ** 静かに	ウ (0490)

2 下線部の語句の意味をア～ウから選びなさい。

□	(1) speak **freely** ア 正確に　イ 自由に　ウ 流ちょうに	イ (0499)
□	(2) release **carbon dioxide** ア 細菌　イ 光線　ウ 二酸化炭素	ウ (0452)
□	(3) lead an **active** life ア 活動的な　イ 能率的な　ウ 不健康な	ア (0468)
□	(4) **surf** the Internet ア を翻訳する　イ を見て回る　ウ を再開始する	イ (0417)
□	(5) the **board** of education ア 対象　イ 方針　ウ 委員会	ウ (0457)
□	(6) **gradually** improve ア 徐々に　イ 驚くほど　ウ 経済的に	ア (0496)
□	(7) safety **standards** ア 協力　イ 運転　ウ 基準	ウ (0466)
□	(8) an **attractive** price ア 手ごろな　イ 魅力的な　ウ 高価な	イ (0484)
□	(9) **expand** a sports center ア を建設する　イ を修理する　ウ を拡張する	ウ (0421)
□	(10) a traditional **custom** ア 手法　イ 慣習　ウ 彫刻	イ (0464)
□	(11) **cure** a disease ア だとわかる　イ のふりをする　ウ を治す	ウ (0422)
□	(12) build a **temple** ア 寺院　イ 施設　ウ 支店	ア (0439)

訳　(1) 自由に話す　(2) 二酸化炭素を放出する　(3) 活動的な生活を送る
(4) ネットを見て回る　(5) 教育委員会　(6) 徐々に改善する　(7) 安全基準　(8) 魅力的な値段
(9) スポーツセンターを拡張する　(10) 伝統的な慣習　(11) 病気を治す　(12) 寺院を建てる

Section 5-3

見出し語番号 0401~0500

学習日　　月　　日

正解　　／22問

1 次の語句の意味をア～エから選びなさい。

□ (1) respond	ア 出航する　イ 墜落する ウ 答える　エ 叫ぶ	ウ (0406)
□ (2) clinic	ア 診療所　イ 幼稚園 ウ 場所　エ 建造物	ア (0434)
□ (3) regular	ア 社会的な イ 規則正しい ウ 特定の エ 有効な	イ (0473)
□ (4) poison	ア 毒　イ 源 ウ 敵　エ 粉	ア (0444)
□ (5) rush	ア 向上する イ 強く主張する ウ 急いで行く エ 崩壊する	ウ (0423)
□ (6) recommendation	ア 期待　イ 結合 ウ 立場　エ 推薦	エ (0460)
□ (7) differently	ア 消極的に　イ 異なって ウ 本当に　エ 間違いなく	イ (0493)
□ (8) delivery	ア 接続　イ 要素 ウ 視野　エ 配達	エ (0446)
□ (9) overtime	ア 基本的には イ 時間外に ウ 夜通し エ 徐々に	イ (0498)
□ (10) educational	ア 暴力的な　イ 魅力的な ウ 教育的な　エ 積極的な	ウ (0480)

2 下線部の語句の意味を答えなさい。

□ (1) follow **instructions** (　　　)に従う	指示(0428)
□ (2) investigate the case **further** その件を(　　　)調査する	さらに(0489)
□ (3) the **demand** for teachers 教師の(　　　)	需要(0440)
□ (4) The assignment is **mostly** done. その課題は(　　　)できている。	ほとんど(0494)
□ (5) pay by **credit card** (　　　)で支払う	クレジットカード(0456)
□ (6) It is **unlikely** to rain. 雨は降り(　　　)。	そうにもない(0486)
□ (7) an international **conference** 国際(　　　)	会議(0443)
□ (8) artificial **flavors** 人工(　　　)	香味料(0449)
□ (9) **scan** the brain 脳(を　　　)	をスキャンする(0424)
□ (10) **completely** forget his birthday 彼の誕生日を(　　　)忘れる	完全に(0495)
□ (11) urban **slums** 都会の(　　　)	スラム街(0447)
□ (12) protection of **privacy** (　　　)保護	プライバシー(0431)

Section 5-4

見出し語番号 0401~0500

学習日	月	日
正解		/20問

1 音声を聞いて語句の意味をア～エから選びなさい。
(音声が聞けない場合は語句を見て選びなさい)

ア 参照する
イ (に)警告する
ウ (の)質を高める
エ 頼る

□	(1)	upgrade	ウ (0415)
□	(2)	refer	ア (0407)
□	(3)	warn	イ (0404)
□	(4)	rely	エ (0405)

2 音声を聞いて語句の意味をア～ウから選びなさい。
(音声が聞けない場合は語句を見て選びなさい)

□	(1)	ア 集中する イ 広まる ウ 振る舞う	behave	ウ (0408)
□	(2)	ア 重圧 イ 親類 ウ 技巧	relative	イ (0467)
□	(3)	ア パンフレット イ パターン ウ パネル	panel	ウ (0448)
□	(4)	ア 高品質の イ 裕福な ウ 先輩の	wealthy	イ (0481)
□	(5)	ア 血 イ 息 ウ 羽	blood	ア (0436)
□	(6)	ア 原子力利用の イ 電子の ウ 持ち運びできる	electronic	イ (0478)

□ (7) ア 平均　イ 適合　ウ 導入	average	ア (0454)
□ (8) ア 能率　イ 地位　ウ 表面	surface	ウ (0450)

3 音声を聞いて（　　）に適切なものを答えなさい。
（音声が聞けない場合は語句を見て答えなさい）

□ (1) 販売促進（　　）	a sales campaign 運動 (0442)
□ (2) 席（を　　）	reserve a table を予約する (0412)
□ (3)（　　）にサインする	sign a contract 契約書 (0465)
□ (4) 会社名（を　　）	register a company name を登録する (0420)
□ (5)（　　）身なりをしている	be dressed properly 適切な (0491)
□ (6)（　　）仕事	a stressful job ストレスの多い (0469)
□ (7) 人工（　　）	an artificial organ 臓器 (0461)
□ (8)（　　）服で	in ordinary dress 普通の (0482)

Section 5-5

見出し語番号 0401~0500

学習日　　月　　日

正解　　/14問

1 次の各文の（　　）に適する語句を**ア～ク**から選びなさい。

□	**(1)** This class will (　　) the history of Europe. この授業はヨーロッパ史を扱う予定だ。	オ (0411)
□	**(2)** Farm animals (　　) a lot of food. 家畜は大量の飼料を消費する。	カ (0401)
□	**(3)** He didn't want to (　　) the conversation. 彼は会話の邪魔をしたくなかった。	ア (0410)
□	**(4)** You shouldn't (　　) information on the Internet so easily. そんなにたやすくインターネット上の情報を信頼すべきではない。	イ (0414)
□	**(5)** The 60s was an exciting (　　). 60年代はわくわくするような10年間だった。	ク (0459)
□	**(6)** The (　　) has been around since 1967. そのブランドは1967年から続いている。	エ (0430)
□	**(7)** The town is promoting (　　). その町は観光事業を促進している。	ウ (0437)
□	**(8)** My aunt has a (　　) in computer science. おばはコンピューター科学の学位を持っている。	キ (0427)

ア disturb	**イ** trust	**ウ** tourism	**エ** brand
オ cover	**カ** consume	**キ** degree	**ク** decade

2 次の各文の(　　　)に適する語句を**ア**～**エ**から選びなさい。

- □ (1) My heart (　　　) faster when I saw the lady.　**イ** (0418)
  その女性を見たとき，私の心臓が速く鼓動した。
  ア increased　**イ** beat
  ウ occurred　**エ** spread

- □ (2) The X-ray showed that two (　　　) were broken.　**ア** (0453)
  レントゲンが2本の骨が折れていることを示していた。
  ア bones　**イ** roles
  ウ issues　**エ** sources

- □ (3) This electric heater has the advantage of being (　　　).　**ウ** (0485)
  この電気ヒーターは持ち運びができるという長所がある。
  ア artificial　**イ** unique
  ウ portable　**エ** accurate

- □ (4) Good soccer players can kick a ball well with (　　　) foot.　**ア** (0472)
  良いサッカー選手はどちらの足でもボールを上手に蹴ることができる。
  ア either　**イ** unusual
  ウ physical　**エ** classical

- □ (5) She was (　　　) at the big noise.　**ウ** (0409)
  彼女は大きな音におびえた。
  ア disappointed　**イ** completed
  ウ scared　**エ** motivated

- □ (6) Our team made three (　　　) of the new product with different colors.　**イ** (0463)
  私たちのチームは新製品の見本を異なる色で3つ作った。
  ア exhibitions　**イ** samples
  ウ scenes　**エ** terms

単語編 でる度 **A**

英検形式にチャレンジ!

学習日　　月　　日

正解　　/20問

次の(**1**)から(**20**)までの(　　　)に入れるのに最も適切なものを**1**, **2**, **3**, **4**の中から一つ選びなさい。

□ (1) *A*: Why didn't you reply to my text message right away, Tyler?
B: My parents are (　　　) the amount of time I spend on it. I can only use it for an hour each evening.

1 preventing　**2** attaching
3 gaining　**4** controlling

4 (0234)

□ (2) *A*: I heard you were talking with our French teacher. Why is your French so good?
B: I was (　　　) by my grandmother, who is from France.

1 raised　**2** allowed　**3** insured　**4** praised

1 (0034)

□ (3) *A*: I really need to find a new job.
B: The (　　　) of the new shopping mall will be finished in two months, and they are already hiring staff. Why don't you apply?

1 prescription　**2** reduction
3 instruction　**4** construction

4 (0438)

□ (4) My neighbor will be watching my dog (　　　) I am away on vacation. I am planning to buy a gift to thank her.

1 until　**2** whether
3 unless　**4** while

4 (0099)

□ (5) The instructor (　　) Robert that he had passed his driving test. This was his third try, so he was very pleased. 1 (0304)

1 informed　**2** warned
3 prepared　**4** awarded

□ (6) Jim and Anne were so hungry that as soon as the waiter (　　) them their pizza, they started eating it. 2 (0113)

1 lent　**2** served　**3** rushed　**4** avoided

□ (7) Emily is writing a report about (　　) Egypt, which is one of the world's oldest civilizations and ended more than 2,000 years ago. 3 (0092)

1 accurate　**2** current　**3** ancient　**4** punctual

□ (8) The main (　　) of the parent-teacher meeting was to discuss if students should be able to use their smartphones during lessons. 1 (0142)

1 focus　**2** range　**3** signal　**4** contrast

□ (9) *A*: What are you going to do with all the money you received on your birthday? 3 (0161)
B: Nothing. I will put it straight into my bank (　　) and save up for a new phone.

1 loan　**2** figure　**3** account　**4** quantity

□ (10) The historian carefully (　　) the plate that was found in the old house. He said it very likely dated back to the 17th century. 4 (0207)

1 invented　**2** developed
3 produced　**4** examined

☐ (11) When buying a house, the safety level of the neighborhood should be a top (　　　) for you and your family.

1 location　　**2** object
3 concern　　**4** policy

3 (0250)

☐ (12) Arianna bought a used jacket from an online website. When it arrived, she was pleased to see what good (　　　) it was in.

1 effort　　**2** condition
3 reward　　**4** degree

2 (0238)

☐ (13) *A*: What do you do to (　　　) your health?
B: I walk in the park every morning and try to eat as many vegetables as I can.

1 employ　　**2** promote
3 adapt　　**4** indicate

2 (0308)

☐ (14) The company (　　　) updates its website with recent news and products. Customers can find out about popular trends by accessing the site.

1 fluently　　**2** unfortunately
3 terribly　　**4** frequently

4 (0398)

☐ (15) (　　　), Jessie wanted to be a doctor, but after volunteering at an animal shelter, she decided to work there as an animal care worker instead.

1 Originally　　**2** Equally
3 Steadily　　**4** Objectively

1 (0200)

☐ (16) At the start of the first (　　　), Milly did not know anyone in her class and felt shy and uncomfortable. Now, she has lots of friends.

1 term　**2** case　**3** site　**4** role

1 (0433)

☐ (17) Writers should always check the (　　　) of information before publishing articles. The information must come from someone they trust.

1 source　**2** sentence
3 summary　**4** script

1 (0334)

☐ (18) These days, many people use a personal trainer, who plans exercises for clients and gives support. It costs extra money, but they believe it is (　　　) spending the money.

1 careful　**2** worth
3 ridiculous　**4** expensive

2 (0475)

☐ (19) Takako was shopping at the mall and left her bag somewhere. She (　　　) her bag to the person at the lost and found center.

1 considered　**2** described
3 transferred　**4** observed

2 (0023)

☐ (20) (　　　) of Penny's parents likes to cook, so the family often eats out at local restaurants or orders delivery food.

1 Both　**2** Each　**3** Either　**4** Neither

4 (0500)

訳

(1) A：どうして私のテキストメッセージにすぐに返信してくれなかったの，タイラー？
B：両親が，僕がそれに使う時間を制限しているんだ。毎晩1時間しかそれを使えないんだ。

(2) A：君がフランス語の先生と話しているのを聞いたよ。どうして君のフランス語はそんなに上手なの？
B：私はフランス出身の祖母に育てられたんだ。

(3) A：私は本当に新しい仕事を見つける必要があるんだ。
B：新しいショッピングモールの建設が2カ月後に終わるだろう，それで彼らはもうスタッフを雇っているよ。応募したらどう？

(4) 私が休暇で留守にしている間，ご近所さんが私の犬を見てくれる。私は彼女に感謝を示すため，贈り物を買う予定である。

(5) 教官はロバートに彼が運転免許試験に合格したと知らせた。これは3度目の挑戦だったので，彼はとても喜んだ。

(6) ジムとアンはとてもお腹がすいていたので，ウェイターがピザを彼らに出すやいなや，それを食べ始めた。

(7) エミリーは古代エジプトについてのレポートを書いているのだが，それは世界最古の文明の1つで，2,000年以上前に終わった。

(8) 保護者と教師の会議の主な焦点は授業中に生徒がスマートフォンを使うことができるべきかどうかを議論することだった。

(9) A：誕生日にもらったお金全部で何をするの？
B：何も。それをそのまま自分の銀行口座に入れて，新しい電話のために貯金するよ。

(10) 歴史学者は慎重に古い家で見つかった皿を調べた。彼は，それは17世紀にさかのぼる可能性が非常に高いと言った。

(11) 家を購入するときは，あなたとあなたの家族にとって近所の安全レベルが最大の関心事であるべきだ。

(12) アリアナはオンラインのウェブサイトで中古のジャケットを買った。それが届いたとき，彼女はそれがどんなに良い状態であるかを見て喜んだ。

(13) A：健康を促進するために何をしていますか。
B：私は毎朝公園を歩き，できるだけ多くの野菜を食べるようにしています。

(14) その会社は最近のニュースと商品でウェブサイトを頻繁に更新する。顧客はそのサイトにアクセスすることで人気の傾向について知ることができる。

(15) もともと，ジェシーは医者になりたかったが，動物シェルターでボランティアをした後，彼女はそれよりむしろそこで動物飼育員として働くことにした。

(16) 1学期の最初，ミリーはクラスの誰も知らず，恥ずかしくて居心地が悪いと感じていた。今，彼女には友だちがたくさんいる。

(17) 記者はいつも記事を公開する前に情報源を確認する必要がある。情報は彼らが信用する人からのものでなければならない。

(18) 最近多くの人が，顧客のために運動の計画を立てたり支援したりするパーソナルトレーナーを使っている。余分なお金がかかるが，彼らはそのお金を費やす価値があると考えている。

(19) タカコはショッピングモールで買い物をしていて，かばんをどこかに置いてきてしまった。彼女は落とし物センターの人に自分のかばんの特徴を述べた。

(20) ペニーの両親はどちらも料理が好きではないので，一家はよく地元のレストランで外食したり，デリバリーの食べ物を注文したりする。

単語編

よくでる重要単語 ● 400

Section 6-1

見出し語番号 0501~0600

学習日　　月　　日

正解　　／18問

1 次の語句の意味を**ア～エ**から選びなさい。

□ (1) exhibit	ア 記号　イ 文書 ウ 結論　エ 展示品		エ (0565)
□ (2) correct	ア を訂正する イ を強調する ウ を分析する エ を移す		ア (0511)
□ (3) reply	ア 集中する イ わかる ウ 返事をする エ 意思疎通する		ウ (0512)
□ (4) rate	ア 標準　イ 関係 ウ 速度　エ 証拠		ウ (0541)
□ (5) army	ア 敵　イ 海軍 ウ 武器　エ 陸軍		エ (0569)
□ (6) bubble	ア しみ　イ 泡 ウ 宝石類　エ 石炭		イ (0571)
□ (7) observe	ア を観察する イ を得る ウ を完成させる エ を形作る		ア (0503)
□ (8) politician	ア 発明者　イ 専門家 ウ 政治家　エ 建築家		ウ (0552)
□ (9) shelf	ア 構造　イ 暗号 ウ 所蔵品　エ 棚		エ (0546)

		選択肢	解答
□ (10)	meanwhile	ア ～とは違って イ それにもかかわらず ウ 結局(は) エ その間(に)	エ(0596)
□ (11)	growth	ア 随筆　イ 成長 ウ 機能　エ 地理	イ(0534)
□ (12)	generally	ア 一般に　イ 直接に ウ 公正に　エ 個々に	ア(0592)
□ (13)	emotion	ア 信頼　イ 目標 ウ 態度　エ 感情	エ(0533)
□ (14)	guard	ア 伝統　イ 守衛 ウ 骨　エ 方針	イ(0540)
□ (15)	specific	ア 有毒な　イ 上位の ウ 特定の　エ ひどい	ウ(0585)

2 次の語句と反対の意味を持つ語句を**ア～ウ**から選びなさい。

			解答
□ (1)	exact	⇔ (　　)	イ(0578)
□ (2)	mysterious	⇔ (　　)	ウ(0583)
□ (3)	boring	⇔ (　　)	ア(0576)

ア interesting　**イ** approximate　**ウ** clear

Section 6-2

見出し語番号 0501~0600

学習日　　月　　日

正解　　／22問

1 次の語句の意味を**ア～エ**から選びなさい。

□ (1) range	ア 範囲 ウ 様式	イ 記録 エ 任務	ア (0535)
□ (2) lie	ア 回る ウ 出血する	イ 邪魔する エ 横になる	エ (0517)
□ (3) cash	ア 請求書 ウ 現金	イ 奨学金 エ 給料	ウ (0532)
□ (4) purpose	ア 結論 ウ 目的	イ 課題 エ 応答	ウ (0528)
□ (5) influence	ア 影響 ウ 環境	イ 状況 エ 性質	ア (0526)
□ (6) code	ア 信用 ウ 値段	イ 暗号 エ 寺院	イ (0562)
□ (7) senior	ア 特定の ウ 一定の	イ 上位の エ 追加の	イ (0581)
□ (8) accidentally	ア 無邪気に ウ 地元で	イ 自然に エ 誤って	エ (0597)
□ (9) co-worker	ア 利用者 ウ 同僚	イ 基礎 エ 実験	ウ (0560)
□ (10) entirely	ア 完全に ウ 静かに	イ 誠実に エ 自由に	ア (0594)
□ (11) breathe	ア 集中する ウ 振る舞う	イ 呼吸する エ 乗り換える	イ (0516)
□ (12) tradition	ア 指示 ウ 伝統	イ 評判 エ 建設	ウ (0527)

2 下線部の語句の意味を**ア〜ウ**から選びなさい。

	問題	解答
□	(1) a **lack** of food ア 源　イ 不足　ウ 問題	イ (0542)
□	(2) a **poisonous** mushroom ア 神秘的な　イ 珍しい　ウ 有毒な	ウ (0587)
□	(3) **analyze** market data ア を加工処理する　イ を分析する　ウ を観察する	イ (0523)
□	(4) vegetables grown **locally** ア 地元で　イ 環境(保護)の点で　ウ 定期的に	ア (0598)
□	(5) affect the **consumer** ア 消費者　イ 参加者　ウ 居住者	ア (0529)
□	(6) the **impact** of video games on children ア 不足　イ 脅威　ウ 影響	ウ (0536)
□	(7) be in **terrible** pain ア ひどい　イ わずかな　ウ 明らかな	ア (0575)
□	(8) a great **loss** ア 借金　イ 利益　ウ 損失	ウ (0556)
□	(9) look at the **screen** ア 信号　イ 画面　ウ 詳細	イ (0561)
□	(10) be different from **reality** ア 現実　イ 私生活　ウ 方針	ア (0564)

訳 (1) 食料不足 (2) 有毒なキノコ (3) 市場のデータを分析する (4) 地元で育てられた野菜 (5) 消費者に影響を与える (6) 子どもへのテレビゲームの影響 (7) ひどい痛みがある (8) 大きな損失 (9) 画面を見る (10) 現実とは違っている

Section 6-3

見出し語番号 0501~0600

学習日　　月　　日

正解　　／20問

1 次の語句の意味を**ア**～**エ**から選びなさい。

□ (1) choice	**ア** 決定　**イ** 選択 **ウ** 指示　**エ** 要求	イ (0524)
□ (2) switch	**ア** を交換する **イ** を訂正する **ウ** を強調する **エ** を選ぶ	ア (0504)
□ (3) impress	**ア** を悩ます **イ** を促進する **ウ** を感心させる **エ** を強くする	ウ (0509)
□ (4) bend	**ア** を消化する **イ** を伸ばす **ウ** を曲げる **エ** を持ち上げる	ウ (0505)
□ (5) mental	**ア** 有機の　**イ** 精神の **ウ** 医学の　**エ** 化学の	イ (0588)
□ (6) tiny	**ア** 有害な　**イ** 重大な **ウ** 特定の　**エ** わずかな	エ (0580)
□ (7) jewelry	**ア** 宝石類　**イ** 鉱物 **ウ** ぜいたく品　**エ** 記念品	ア (0547)
□ (8) production	**ア** 構造　**イ** 成長 **ウ** 部門　**エ** 生産	エ (0530)
□ (9) achieve	**ア** を達成する **イ** を計画する **ウ** を管理する **エ** を続ける	ア (0507)

2 下線部の語句の意味を答えなさい。

□ (1) lock the door ドア(に　　　)	にカギをかける (0518)
□ (2) prepare a pamphlet (　　　)を用意する	パンフレット(0549)
□ (3) within a week 一週間(　　　)	以内に(0600)
□ (4) put a label on the box 箱に(　　　)を貼る	ラベル(0573)
□ (5) a shark's fin (　　　)のひれ	サメ(0553)
□ (6) take the study one step further 研究をさらにもう1(　　　)進める	段階(0544)
□ (7) come to a conclusion (　　　)に達する	結論(0554)
□ (8) a computer programmer コンピューター(　　　)	プログラマー(0566)
□ (9) make a profit (　　　)を上げる	利益(0525)
□ (10) the pattern of language development 言語発達の(　　　)	パターン(0545)
□ (11) memories from my childhood 私の(　　　)の思い出	子どものころ(0548)

Section 6-4

見出し語番号 0501~0600

学習日　　月　　日
正解　　／20問

1 音声を聞いて語句の意味を**ア～エ**から選びなさい。
（音声が聞けない場合は語句を見て選びなさい）

ア 信号　**イ** 通常は
ウ まさに　**エ** 文書

□	(1)	document	エ (0555)
□	(2)	signal	ア (0567)
□	(3)	exactly	ウ (0589)
□	(4)	normally	イ (0591)

2 音声を聞いて語句の意味を**ア～ウ**から選びなさい。
（音声が聞けない場合は語句を見て選びなさい）

□	(1)	**ア** 割合　**イ** 1段階　**ウ** 区画	section	ウ (0551)
□	(2)	**ア** 割引　**イ** 損失　**ウ** 費用	expense	ウ (0543)
□	(3)	**ア** 観衆　**イ** 近所の人々　**ウ** 用具	audience	ア (0531)
□	(4)	**ア** 大企業　**イ** メーカー　**ウ** 銀行業	banking	ウ (0572)
□	(5)	**ア** 正確な　**イ** 全体の　**ウ** 有機の	accurate	ア (0586)
□	(6)	**ア** 不変の　**イ** 不誠実な　**ウ** 不健康な	unhealthy	ウ (0584)

□	(7) ア そうでなければ イ それにもかかわらず ウ その上	nevertheless	イ (0593)
□	(8) ア 間違った　イ 普通でない ウ 不変の	unusual	イ (0582)

3 音声を聞いて(　　　)に適切なものを答えなさい。
(音声が聞けない場合は語句を見て答えなさい)

□	(1) (　　　)で優勝する	win the tournament トーナメント (0537)
□	(2) (　　　)を雇う	employ an assistant 助手 (0550)
□	(3) (　　　)を探す	look for a roommate ルームメート (0539)
□	(4) (　　　)の化石	a dinosaur fossil 恐竜 (0574)
□	(5) (　　　)製品	high-quality products 高品質の (0579)
□	(6) (　　　)話す	speak naturally 自然に (0590)
□	(7) あなたの(　　　)を変更する	change your password パスワード (0559)
□	(8) 鋭い(　　　)	a sharp pain 痛み (0563)

Section 6-5

見出し語番号 0501~0600

学習日　　月　　日

正解　　／15問

1 次の各文の（　　　）に適する語句をア～クから選びなさい。

□	(1) This temple was (　　　) as a World Heritage Site. この寺院は世界遺産に選ばれた。	キ (0501)
□	(2) I carefully (　　　) my clothes. 私は丁寧に自分の服を折り畳んだ。	ウ (0510)
□	(3) She (　　　) coffee on her white blouse. 彼女は白いブラウスにコーヒーをこぼした。	オ (0514)
□	(4) The difficult questions by the teacher (　　　) me. 先生からの難しい質問が私を当惑させた。	ア (0515)
□	(5) This class (　　　) to be more difficult than expected. この授業は予想されていたより難しいことがわかった。	ク (0506)
□	(6) The skater (　　　) on the ice. スケーターは氷の上で回った。	エ (0519)
□	(7) Two men (　　　) me of my wallet on the dark street. 2人組の男が暗い通りで財布を私から奪った。	カ (0522)
□	(8) The research group first (　　　) carbon dioxide underground. その研究グループはまず，地下に二酸化炭素を閉じ込めた。	イ (0521)

ア confused	イ trapped	ウ folded	エ spun
オ spilled	カ robbed	キ selected	ク proved

2 次の各文の（　　）に適する語句を**ア～エ**から選びなさい。

□ **(1)** He realized that remote working can make him run the company more (　　).
彼はリモートワークにより会社をより能率的に運営できることに気づいた。
ア efficiently　**イ** accidentally
ウ entirely　**エ** rapidly
ア (0595)

□ **(2)** You can complete your (　　) online.
あなたはオンラインで申し込みを完了することができる。
ア application　**イ** population
ウ promotion　**エ** construction
ア (0557)

□ **(3)** He was (　　) to another hospital to receive better treatment.
彼はより良い治療を受けるために別の病院へ移された。
ア expanded　**イ** upgraded
ウ transferred　**エ** informed
ウ (0508)

□ **(4)** The (　　) to the mountain is blocked.
その山への道はふさがれている。
ア cave　**イ** route　**ウ** wage　**エ** trial
イ (0570)

□ **(5)** The governor declared a state of (　　).
知事は緊急事態を宣言した。
ア privacy　**イ** agency
ウ emergency　**エ** accuracy
ウ (0538)

□ **(6)** The (　　) date is tomorrow.
期日は明日だ。
ア tiny　**イ** senior　**ウ** mental　**エ** due
エ (0577)

□ **(7)** The factory (　　) a lot of food.
その工場は大量の食品を加工処理する。
ア impresses　**イ** processes
ウ employs　**エ** contains
イ (0520)

Section 7-1

見出し語番号 0601~0700

学習日　　月　　日

正解　　／18問

1 次の語句の意味を**ア**～**エ**から選びなさい。

□	(1) council	ア 会議　イ 職場 ウ 仮説　エ 支店	ア (0647)
□	(2) artificial	ア 教育的な イ 上位の ウ 才能がある エ 人工の	エ (0678)
□	(3) sight	ア 感情　イ 視力 ウ 場所　エ 能力	イ (0660)
□	(4) constant	ア ばく大な イ 文化の ウ 絶えず続く エ 健全な	ウ (0687)
□	(5) destination	ア 定義　イ 結論 ウ 地位　エ 目的地	エ (0643)
□	(6) evolve	ア 進化する イ 衰退する ウ 持続する エ 参加する	ア (0623)
□	(7) mineral	ア 種　イ 石炭 ウ 燃料　エ 鉱物	エ (0672)
□	(8) actual	ア 一時的な イ 一般的な ウ 実際の エ 最初の	ウ (0684)
□	(9) apologize	ア 邪魔する　イ 謝る ウ どなる　エ 告白する	イ (0616)

		解答
□ (10) tutor	ア 熟練者 イ 家庭教師 ウ 著者 エ 専門家	イ (0654)

2 次の語句と反対の意味を持つ語句を**ア**～**エ**から選びなさい。

			解答
□ (1) poverty	⇔	(　　)	イ (0633)
□ (2) strength	⇔	(　　)	ウ (0638)
□ (3) bury	⇔	(　　)	エ (0602)
□ (4) progress	⇔	(　　)	ア (0620)

ア get behind　イ wealth　ウ weakness　エ dig up

3 次の語句と似た意味を持つ語句を**ア**～**エ**から選びなさい。

			解答
□ (1) shortly	≒	(　　)	エ (0694)
□ (2) except	≒	(　　)	ア (0700)
□ (3) besides	≒	(　　)	ウ (0699)
□ (4) afterwards	≒	(　　)	イ (0695)

ア excluding　イ later　ウ moreover　エ soon

Section 7-2

見出し語番号 0601~0700

学習日　　月　　日

正解　　/20問

1 次の語句の意味を**ア**～**エ**から選びなさい。

□ (1) sort	**ア** を伸ばす **イ** を交換する **ウ** を分類する **エ** を調べる	ウ (0605)
□ (2) pour	**ア** を曲げる　**イ** を焼く **ウ** を詰める　**エ** を注ぐ	エ (0610)
□ (3) theory	**ア** 信頼　**イ** 息 **ウ** 成長　**エ** 仮説	エ (0637)
□ (4) unique	**ア** 唯一の　**イ** 一定の **ウ** 心の　**エ** 健全な	ア (0679)
□ (5) insert	**ア** を取り付ける **イ** を含む **ウ** を進歩させる **エ** を挿入する	エ (0630)
□ (6) container	**ア** 輸送機関　**イ** 容器 **ウ** 枠組み　**エ** 文書	イ (0666)
□ (7) tough	**ア** まじめな **イ** ばく大な **ウ** 困難な **エ** 秘密の	ウ (0683)
□ (8) collection	**ア** 品目　**イ** 条件 **ウ** 収蔵品　**エ** 贈呈	ウ (0639)
□ (9) inconvenience	**ア** 使節（団） **イ** ぜいたく（品） **ウ** 提案（書） **エ** 不便（さ）	エ (0632)

2 下線部の語句の意味をア～ウから選びなさい。

□ (1) **judge** a speech contest ア を審査する　イ を準備する　ウ を放送する	ア (0611)
□ (2) **doubt** his words ア を疑う　イ を記憶する　ウ を信頼する	ア (0621)
□ (3) **mainly** deal with furniture ア 単に　イ 主に　ウ 正しく	イ (0691)
□ (4) a **thin** blanket ア おしゃれな　イ 珍しい　ウ 薄い	ウ (0680)
□ (5) **display** paintings ア を保存する　イ を展示する　ウ を仕上げる	イ (0609)
□ (6) be **extremely** busy ア もともと　イ 特に　ウ 極めて	ウ (0697)
□ (7) the **contents** of the bag ア 中身　イ 構造　ウ 銘柄	ア (0675)
□ (8) **represent** a group ア を代表する　イ を組織する　ウ を管理する	ア (0624)
□ (9) a political **factor** ア 影響　イ 要因　ウ 損失	イ (0641)
□ (10) make a **habit** of exercising ア 問題　イ 目標　ウ 習慣	ウ (0664)
□ (11) spread **false** information ア 間違った　イ 不要な　ウ 必要不可欠な	ア (0677)

訳 (1) スピーチコンテストを審査する　(2) 彼の言葉を疑う　(3) 主に家具を扱う　(4) 薄い毛布　(5) 絵画を展示する　(6) 極めて忙しい　(7) かばんの中身　(8) グループを代表する　(9) 政治的要因　(10) 運動するのを習慣とする　(11) 間違った情報を広める

Section 7-3

見出し語番号 0601~0700

学習日　　月　　日

正解　　/22問

1 次の語句の意味を**ア～エ**から選びなさい。

□ (1) navy	ア 陸軍　ウ 海軍	イ 武器　エ 敵	ウ (0650)
□ (2) requirement	ア 管理　ウ 状態	イ 課題　エ 必要条件	エ (0673)
□ (3) title	ア 手順　ウ 項目	イ 部門　エ 題名	エ (0661)
□ (4) invest	ア (を)放送する イ (を)投資する ウ (を)調査する エ (を)創造する		イ (0622)
□ (5) avenue	ア 境界線　ウ 大通り	イ 段　エ 様式	ウ (0662)
□ (6) link	ア つながり　ウ 場所	イ 周期　エ 骨組み	ア (0646)
□ (7) strengthen	ア を強くする イ を要請する ウ を強調する エ を成し遂げる		ア (0627)
□ (8) obtain	ア を得る イ を追いかける ウ を検出する エ を選ぶ		ア (0617)
□ (9) laboratory	ア 寮　ウ 施設	イ 研究室　エ 不動産	イ (0649)
□ (10) breath	ア 文　ウ 息	イ 胸(部)　エ 泡	ウ (0667)

2 下線部の語句の意味を答えなさい。

		答え
□	(1) in a **league** match (　　　)戦で	リーグ(0674)
□	(2) eat **healthily** (　　　)食事をする	健康的に(0698)
□	(3) **weigh** 20 kilograms 20キログラム(　　　)	の重さがある(0604)
□	(4) **update** information 情報(を　　　)	をアップデートする(0607)
□	(5) **supply** drinking water 飲み水(を　　　)	を供給する(0613)
□	(6) **means** of transportation 交通(　　　)	手段(0636)
□	(7) put a **lamp** on the table テーブルに(　　　)を置く	ランプ(0652)
□	(8) play in an **orchestra** (　　　)で演奏する	オーケストラ(0658)
□	(9) The profit will amount to **3 billion** dollars. 利益は総額(　　　)ドルになるだろう。	30億(0663)
□	(10) develop **drugs** (　　　)を開発する	薬(0670)
□	(11) **advance** trade between the two countries 2国間の貿易(を　　　)	を促進する(0619)
□	(12) a tennis **court** テニス(　　　)	コート(0656)

Section 7-4

見出し語番号 0601~0700

学習日	月	日
正解		/20問

1 音声を聞いて語句の意味を**ア～エ**から選びなさい。
（音声が聞けない場合は語句を見て選びなさい）

ア 青年時代
イ 反応する
ウ 存在し続ける
エ 職

□	(1)	position	エ (0640)
□	(2)	survive	ウ (0614)
□	(3)	react	イ (0629)
□	(4)	youth	ア (0671)

2 音声を聞いて語句の意味を**ア～ウ**から選びなさい。
（音声が聞けない場合は語句を見て選びなさい）

□	(1)	ア 中身　イ 混雑　ウ 液体	jam	イ (0669)
□	(2)	ア 随筆　イ 出版社　ウ 秘書	publisher	イ (0651)
□	(3)	ア に衝撃を与える　イ に強いる　ウ に通知する	shock	ア (0626)
□	(4)	ア 無作為に　イ 消極的に　ウ 下手に	poorly	ウ (0689)
□	(5)	ア 構成部品　イ 構造　ウ 彫刻作品	structure	イ (0642)
□	(6)	ア を折る　イ を曲げる　ウ を伸ばす	stretch	ウ (0608)

□ (7) ア 導入　イ 説明画 ウ 組み合わせ	combination	ウ (0644)
□ (8) ア 文化の　イ 太陽の ウ 神秘的な	cultural	ア (0685)

3 音声を聞いて (　　) に適切なものを答えなさい。
(音声が聞けない場合は語句を見て答えなさい)

□ (1) それは (　　) 金の問題である。	It is simply a matter of money. 単に (0690)
□ (2) インフォメーション (　　)	an information counter カウンター (0657)
□ (3) (　　) 場所	a historic site 歴史上有名な (0682)
□ (4) 世界 (　　)	the world championship 選手権大会 (0653)
□ (5) 睡眠 (　　)	a sleep cycle 周期 (0665)
□ (6) (　　) 人生設計	a long-term life plan 長期の (0681)
□ (7) 厳格な (　　)	a strict vegetarian ベジタリアン (0648)
□ (8) インターネット (　　)	Internet connection 接続 (0645)

Section 7-5

見出し語番号 0601~0700

学習日　　月　　日

正解　　／15問

1 次の各文の(　　)に適する語句を**ア～ク**から選びなさい。

□	**(1)** Devices such as a camera (　　) of a lot of small parts. カメラのような機器はたくさんの小さな部品から成り立っている。	イ (0628)
□	**(2)** You should (　　) when the deadline is, and then make a plan. 締切がいつかに注意し，それから計画を練るべきだ。	オ (0601)
□	**(3)** I (　　) myself to the new environment. 私は新しい環境に適応した。	ク (0625)
□	**(4)** My dog (　　) barks. 私の犬はめったにほえない。	ウ (0692)
□	**(5)** The doctor said it is important to (　　) healthcare with exercise. 医師は医療を運動と結び付けて考えるのが重要だと述べた。	ア (0618)
□	**(6)** I (　　) my sleeping daughter onto her bed. 私は眠っている娘を抱き上げてベッドに寝かせた。	カ (0615)
□	**(7)** She carefully (　　) the coffee beans. 彼女は注意深くコーヒー豆を炒(い)った。	キ (0612)
□	**(8)** You can find a vending machine (　　) everywhere in Japan. 日本ではほとんどどこででも自動販売機を見つけることができる。	エ (0688)

ア associate	**イ** consist	**ウ** rarely	**エ** nearly
オ note	**カ** lifted	**キ** roasted	**ク** adapted

2 次の各文の（　　）に適する語句を**ア～エ**から選びなさい。

□ **(1)** I called her to say thank you for her (　　).
私は彼女の親切な行為にお礼を言うために電話をした。
ア habit　**イ** favor　**ウ** sight　**エ** feeling
イ (0631)

□ **(2)** The staff has free (　　) to the gallery all year round.
館員には年中無料で美術館に入る権利がある。
ア source　**イ** employ　**ウ** entry　**エ** activity
ウ (0668)

□ **(3)** I was shocked by the traffic accident and couldn't describe the situation (　　).
私は交通事故にショックを受けていて状況を正しく描写することができなかった。
ア correctly　**イ** normally　**ウ** simply　**エ** entirely
ア (0693)

□ **(4)** Good (　　) makes people want to read.
きれいな手書きは人々を読みたい気持ちにさせる。
ア script　**イ** handwriting
ウ illustration　**エ** handout
イ (0659)

□ **(5)** The pond (　　), so children went skating on it.
池が凍ったので，子どもたちがその上でスケートをしに行った。
ア sank　**イ** spun　**ウ** healed　**エ** froze
エ (0606)

□ **(6)** The family donated one million dollars to the school as an educational (　　).
その家族は教育資金としてその学校に100万ドルを寄付した。
ア salary　**イ** fund　**ウ** profit　**エ** goods
イ (0634)

□ **(7)** Being able to read and write will greatly benefit children in various (　　) of life.
読み書きができることは人生のさまざまな局面で子どもたちに著しく利益を与えるだろう。
ア organs　**イ** trends　**ウ** terms　**エ** aspects
エ (0635)

Section 8-1

見出し語番号 0701~0800

学習日　　月　　日

正解　　／20問

1 次の語句の意味をア～エから選びなさい。

□	(1) digest	ア をかき乱す イ を吸収する ウ を消化する エ を修復する	ウ (0708)
□	(2) aisle	ア 小道　イ 通路 ウ 大通り　エ 境界線	イ (0766)
□	(3) dizzy	ア 普通でない イ 困難な ウ めまいがする エ 恐ろしい	ウ (0786)
□	(4) relatively	ア 徐々に　イ 比較的 ウ 最近　エ 着実に	イ (0798)
□	(5) session	ア 活動のための集まり イ 組み合わせ ウ 部門 エ 割り当て	ア (0767)
□	(6) flood	ア を刺激する イ を放出する ウ を発射する エ を水浸しにする	エ (0722)
□	(7) layer	ア 範囲　イ 層 ウ 模様　エ 区画	イ (0728)
□	(8) matter	ア 重大である イ 患う ウ 行儀良くする エ 進歩する	ア (0701)

□ (9) surround	ア を囲む　イ を曲げる ウ を覆う　エ を転がす	ア (0703)
□ (10) steel	ア 種　イ 鉱物 ウ 針金　エ 鋼鉄	エ (0731)
□ (11) satisfy	ア を増やす イ (条件)を満たす ウ を保護する エ (費用)がかかる	イ (0721)
□ (12) organic	ア 有機の　イ 流行の ウ 長期の　エ 文化の	ア (0784)
□ (13) talented	ア 信頼できる イ 才能がある ウ 効果的な エ 柔軟な	イ (0776)
□ (14) feeling	ア 狙い　イ 感情 ウ 証拠　エ 学識	イ (0756)

2 次の語句と反対の意味を持つ語句を**ア**～**カ**から選びなさい。

□ (1) urban	⇔	(　　)	イ (0772)
□ (2) rude	⇔	(　　)	エ (0771)
□ (3) blind	⇔	(　　)	オ (0785)
□ (4) succeed	⇔	(　　)	ウ (0704)
□ (5) maintain	⇔	(　　)	ア (0711)
□ (6) temporary	⇔	(　　)	カ (0783)

ア end　**イ** rural　**ウ** fail　**エ** polite　**オ** sighted　**カ** permanent

Section 8-2

見出し語番号 0701~0800

学習日　　月　　日

正解　　/20問

1 次の語句の意味を**ア**～**エ**から選びなさい。

□ (1) task	**ア** (ワクチンなどの)注射 **イ** 親切な行為 **ウ** 習慣 **エ** (課せられた)仕事	エ(0736)
□ (2) stare	**ア** (を)探す **イ** (を)演じる **ウ** (を)つくり出す **エ** (を)じっと見る	エ(0725)
□ (3) expectation	**ア** 指示　**イ** 例外 **ウ** 予想　**エ** 展示	ウ(0727)
□ (4) thus	**ア** それにもかかわらず **イ** 従って **ウ** 一方 **エ** さらに	イ(0795)
□ (5) calculation	**ア** 装置　**イ** 競技 **ウ** 発表　**エ** 計算	エ(0750)
□ (6) ray	**ア** 光線　**イ** 毒 **ウ** 細胞　**エ** 組織	ア(0763)
□ (7) determine	**ア** を決定する **イ** を引き起こす **ウ** を選ぶ **エ** を促進する	ア(0715)
□ (8) chase	**ア** を移す **イ** を追いかける **ウ** を放つ **エ** をひっくり返す	イ(0724)

2 下線部の語句の意味をア～ウから選びなさい。

		答
□ (1)	**struggle** to meet the deadline ア 集中する　イ 奮闘する　ウ 討論する	イ (0716)
□ (2)	a weather **satellite** ア 衛星　イ 予報　ウ 条件	ア (0754)
□ (3)	**refund** an entry fee ア を要求する　イ を払い戻す　ウ を再設定する	イ (0717)
□ (4)	consumer **behavior** ア 団体　イ 契約　ウ 行動	ウ (0759)
□ (5)	feel **anxious** about the exam ア 意外に　イ 不誠実に　ウ 心配に	ウ (0777)
□ (6)	an **essay** on environmental pollution ア 小論文　イ 研究　ウ 見解	ア (0734)
□ (7)	take a **cruise** ア 実験　イ 組織的活動　ウ 遊覧航海	ウ (0768)
□ (8)	examine the evidence **closely** ア 個別に　イ 綿密に　ウ 徐々に	イ (0794)
□ (9)	the **function** of the heart ア 機能　イ 手術　ウ 構造	ア (0746)
□ (10)	be **commonly** known ア かなり　イ 単に　ウ 一般に	ウ (0793)
□ (11)	**adjust** the volume of the radio ア を調節する　イ を維持する　ウ を疑う	ア (0706)
□ (12)	trade crops **fairly** ア 能率的に　イ 公正に　ウ 世界的に	イ (0797)

訳 (1) 締切に間に合わせようと奮闘する　(2) 気象衛星　(3) 入場料を払い戻す　(4) 消費者行動　(5) 試験のことを心配に感じる　(6) 環境汚染についての小論文　(7) 遊覧航海をする　(8) 証拠を綿密に調べる　(9) 心臓の機能　(10) 一般に知られている　(11) ラジオの音量を調節する　(12) 作物を公正に取引する

Section 8-3

見出し語番号 0701~0800

学習日　　月　　日

正解　　／20問

1 次の語句の意味を**ア**～**エ**から選びなさい。

□ (1) enormous	**ア** たくましい **イ** ばく大な **ウ** ありそうにもない **エ** ありふれた	**イ** (0782)
□ (2) journey	**ア** 旅 **イ** 楽しみ **ウ** 活動 **エ** 発見	**ア** (0732)
□ (3) sail	**ア** 回る **イ** 急いで行く **ウ** 出航する **エ** 向上する	**ウ** (0726)
□ (4) particularly	**ア** 密接に　**イ** 一般に **ウ** 特に　**エ** 正確に	**ウ** (0790)
□ (5) surgery	**ア** 手術　**イ** 調査 **ウ** 運転　**エ** 実験	**ア** (0739)
□ (6) financial	**ア** 公式の **イ** 財政(上)の **ウ** 最新(式)の **エ** 有益な	**イ** (0781)
□ (7) liquid	**ア** 成分　**イ** 層 **ウ** 物質　**エ** 液体	**エ** (0752)
□ (8) manufacturer	**ア** 支持者 **イ** 先駆者 **ウ** 弁護士 **エ** 製造業者	**エ** (0753)

2 下線部の語句の意味を答えなさい。

□ (1) a **low-income** household (　　　)世帯	低所得の (0787)
□ (2) regardless of **gender** or age (　　　)や年齢を問わず	性別 (0747)
□ (3) a **stylish** suit (　　　)スーツ	おしゃれな (0780)
□ (4) promote **ecotourism** (　　　)を促進する	エコツーリズム (0770)
□ (5) a river **flowing** along a valley 谷に沿って(　　　)川	流れる (0714)
□ (6) **incorrect** information (　　　)情報	間違った (0779)
□ (7) **repeat** the same mistakes 同じ間違い(を　　　)	を繰り返す (0705)
□ (8) a monthly **newsletter** 月刊の(　　　)	会報 (0762)
□ (9) take a **risk** (　　　)を負う	リスク (0757)
□ (10) work **overnight** (　　　)働く	夜通し (0796)
□ (11) be famous **worldwide** (　　　)有名な	世界的に (0791)
□ (12) according to the **graph** (　　　)によると	グラフ (0760)

Section 8-4

見出し語番号 0701~0800

学習日	月	日
正解		/20問

1 音声を聞いて語句の意味を**ア～エ**から選びなさい。

(音声が聞けない場合は語句を見て選びなさい)

ア 育児　イ 家族
ウ 記念日　エ 職場

□	(1)	childcare	ア(0740)
□	(2)	anniversary	ウ(0764)
□	(3)	household	イ(0748)
□	(4)	workplace	エ(0758)

2 音声を聞いて語句の意味を**ア～ウ**から選びなさい。

(音声が聞けない場合は語句を見て選びなさい)

□	(1)	ア 顕微鏡　イ 武器　ウ 計算機	microscope	ア(0769)
□	(2)	ア 教育の　イ 精神の　ウ 宗教の	religious	ウ(0774)
□	(3)	ア むしろ　イ たいてい　ウ もしかすると	perhaps	ウ(0788)
□	(4)	ア 陸軍　イ 敵　ウ 海軍	enemy	イ(0737)
□	(5)	ア 身体障がいの　イ 唯一の　ウ 特定の	disabled	ア(0775)
□	(6)	ア を維持する　イ を記憶する　ウ を保存する	memorize	イ(0712)
□	(7)	ア 提携　イ 会員資格　ウ 実習訓練	partnership	ア(0765)

□	(8) ア 実は　イ その後 ウ またさらに	additionally	ウ (0792)

3 音声を聞いて（　　　）に適切なものを答えなさい。
（音声が聞けない場合は語句を見て答えなさい）

□	(1) （　　　）の試験を行う	test a vaccine	ワクチン (0749)
□	(2) 外国人（　　　）	foreign travelers	旅行者 (0730)
□	(3) ロボットの開発に（　　　）を使う	spend a lifetime developing robots	一生 (0744)
□	(4) つづりの（　　　）	spelling errors	誤り (0742)
□	(5) （　　　）をしている	be on a diet	ダイエット (0735)
□	(6) カレー（　　　）	curry powder	粉 (0729)
□	(7) （　　　）おもちゃ	a best-selling toy	ベストセラーの (0778)
□	(8) インターネット（　　　）	Internet users	利用者 (0751)

Section 8-5

見出し語番号 0701~0800

学習日　　月　　日
正解　　／15問

1 次の各文の（　　）に適する語句を**ア～ク**から選びなさい。

□	**(1)** I've yet to fully (　　) from my cold. 私はまだ風邪から完全に回復していない。	オ (0702)
□	**(2)** The modern German (　　) is less than 200 years old. 現在のドイツの国家ができて200年にもなっていない。	イ (0733)
□	**(3)** This training will (　　) you for working as a diving instructor. このトレーニングはあなたにダイビングインストラクターとして働く資格を与える。	キ (0718)
□	**(4)** It is believed that a unique (　　) developed in this area in the 18th century. 18世紀にこの地域で独自の文明が発展したと信じられている。	ア (0755)
□	**(5)** You'll be required to (　　) your password regularly. 定期的にパスワードを再設定するよう求められるだろう。	カ (0709)
□	**(6)** It took me half a day to clean up the (　　) my children had made. 子どもたちが取り散らかしたものを片付けるのに半日かかった。	ウ (0745)
□	**(7)** The actor enjoyed the (　　) of traveling in a private jet. その俳優は自家用ジェットで旅行するというぜいたくを楽しんだ。	エ (0761)
□	**(8)** He is always looking for ways to (　　) the students. 彼は常に生徒たちにやる気を起こさせる方法を模索している。	ク (0719)

ア civilization　イ nation　ウ mess　エ luxury
オ recover　カ reset　キ qualify　ク motivate

2 次の各文の（　　）に適する語句をア～エから選びなさい。

□ (1) The students (　　) on the issue. エ (0713)
生徒たちはその問題について討論した。
ア disagreed　イ struggled
ウ insisted　エ debated

□ (2) You can return the product if you have a (　　) for your purchase. ア (0738)
購入品の領収書を持っていれば返品できる。
ア receipt　イ pamphlet
ウ shelf　エ payment

□ (3) It was difficult to deliver (　　) food at that time. イ (0773)
その当時は冷凍食品を配達するのは難しかった。
ア specific　イ frozen　ウ thin　エ constant

□ (4) I (　　) the cost including tax. ア (0723)
私は税金を含めた費用を計算した。
ア calculated　イ analyzed
ウ donated　エ registered

□ (5) (　　) she goes shopping, she buys some pizza. エ (0800)
彼女は買い物に行くといつもピザを買う。
ア Whether　イ Though
ウ Afterwards　エ Whenever

□ (6) You need to (　　) your membership every year. ウ (0710)
１年に１度会員資格を更新する必要がある。
ア promote　イ release　ウ renew　エ reflect

□ (7) He can be a great pitcher with the (　　) of his shoulder. エ (0743)
彼は肩に柔軟性があるので，優れた投手になれるだろう。
ア electricity　イ facility
ウ authority　エ flexibility

Section 9-1

見出し語番号 0801~0900

学習日	月	日
正解		/18問

1 次の語句の意味を**ア**～**エ**から選びなさい。

□ (1) wipe	**ア** を拭く **イ** を組織する **ウ** をやめる **エ** を減らす	ア (0818)
□ (2) birth	**ア** 反応　**イ** 調査 **ウ** 傾向　**エ** 出生	エ (0860)
□ (3) atmosphere	**ア** 細胞　**イ** 節約 **ウ** 大気　**エ** 農業	ウ (0832)
□ (4) broadcast	**ア** (を) 創造する **イ** (を) 放送する **ウ** (を) 祝う **エ** (を) 探す	イ (0819)
□ (5) gap	**ア** 沿岸 **イ** 脂肪 **ウ** すき間 **エ** 焦点	ウ (0840)
□ (6) tribe	**ア** 利点　**イ** 部族 **ウ** 性質　**エ** 用地	イ (0859)
□ (7) unexpected	**ア** 意外な **イ** 絶えず続く **ウ** 望まれていない **エ** 非営利的な	ア (0894)
□ (8) checkup	**ア** 栄養補助剤 **イ** 実験 **ウ** 競技 **エ** 健康診断	エ (0872)

☐	(9) amusement	ア 悪意 イ 批評 ウ 楽しみ エ つり合い	ウ (0848)
☐	(10) loan	ア 難題　イ 借金 ウ 発見　エ 現場	イ (0861)
☐	(11) announce	ア を見分ける イ を遅らせる ウ を採用する エ を公表する	エ (0815)
☐	(12) lung	ア 筋肉　イ 臓器 ウ 肺　エ 骨	ウ (0879)
☐	(13) stain	ア しみ　イ うわさ ウ 化粧　エ 毒	ア (0884)
☐	(14) express	ア (条件)を満たす イ (考えなど)を表現する ウ を交換する エ を探検する	イ (0813)

2 次の語句と反対の意味を持つ語句を**ア**～**エ**から選びなさい。

	問題			解答
☐	(1) sink	⇔	(　　)	ア (0803)
☐	(2) bear	⇔	(　　)	エ (0830)
☐	(3) reward	⇔	(　　)	ウ (0871)
☐	(4) ancestor	⇔	(　　)	イ (0866)

ア float　イ descendant　ウ penalty　エ give up

Section 9-2

見出し語番号 0801~0900

学習日　　月　　日

正解　　／22問

1 次の語句の意味を**ア～エ**から選びなさい。

	選択肢	解答
□ (1) contribution	ア 貢献　イ 雇用 ウ 要約　エ 卒業	ア (0838)
□ (2) retire	ア 申し込む イ 定年退職する ウ 振る舞う エ 鼓動する	イ (0817)
□ (3) fiber	ア 光線　イ 衛星 ウ 繊維　エ 機能	ウ (0843)
□ (4) symbol	ア 象徴　イ 計算 ウ 脅威　エ 文明	ア (0850)
□ (5) crash	ア 急いで行く イ 言及する ウ 専門とする エ 衝突する	エ (0824)
□ (6) commercial	ア 王室の　イ 複雑な ウ 商業の　エ 古典的な	ウ (0897)
□ (7) envelope	ア 態度　イ 封筒 ウ 会報　エ 能率	イ (0854)
□ (8) fingerprint	ア 指紋　イ 生産高 ウ 羽目板　エ 画廊	ア (0881)
□ (9) hide	ア 呼吸する イ 回る ウ 生き残る エ 隠れる	エ (0814)
□ (10) authority	ア 構造　イ 政策 ウ 当局　エ 習慣	ウ (0857)

2 下線部の語句の意味をア～ウから選びなさい。

☐	(1) a park with a **playground** ア 小道　イ 遊び場　ウ 温室	イ (0847)
☐	(2) the second **semester** ア 計画案　イ 候補者　ウ 学期	ウ (0849)
☐	(3) for a special **occasion** ア 警備　イ 時　ウ 顧客	イ (0853)
☐	(4) **monitor** the progress of a project ア を監視する　イ を評価する　ウ を尊重する	ア (0806)
☐	(5) the **perfume** of flowers ア 入手方法　イ 種類　ウ 香り	ウ (0845)
☐	(6) **earn** money ア を数える　イ を稼ぐ　ウ を見積もる	イ (0821)
☐	(7) study **engineering** ア 化学　イ 経済学　ウ 工学	ウ (0867)
☐	(8) **witness** a miracle ア を共有する　イ を目撃する　ウ を期待する	イ (0811)
☐	(9) **commit** a crime ア を犯す　イ を防ぐ　ウ を促す	ア (0804)
☐	(10) perform an **operation** ア 慈善事業　イ 手術　ウ 競技会	イ (0851)
☐	(11) provide useful **tips** ア ヒント　イ 設備　ウ 証拠	ア (0892)
☐	(12) a tourist **attraction** ア 事業　イ 客　ウ 名所	ウ (0870)

訳 (1) 遊び場のある公園　(2) 2学期　(3) 特別な時のために　(4) プロジェクトの進展を監視する　(5) 花の香り　(6) お金を稼ぐ　(7) 工学を学ぶ　(8) 奇跡を目撃する　(9) 犯罪を犯す　(10) 手術を行う　(11) 役に立つヒントを提供する　(12) 観光名所

Section 9-3

見出し語番号 0801~0900

学習日　　月　　日

正解　　/20問

1 次の語句の意味を**ア**～**エ**から選びなさい。

□ (1) economics	**ア** 経済学　**イ** 医学 **ウ** 心理学　**エ** 地理学		ア (0839)
□ (2) identify	**ア** を驚かす **イ** を疑う **ウ** を供給する **エ** を特定する		エ (0801)
□ (3) artwork	**ア** 美術館　**イ** 芸術作品 **ウ** 宝石類　**エ** 模様		イ (0890)
□ (4) wire	**ア** 信号　**イ** 顕微鏡 **ウ** 電信線　**エ** 経費		ウ (0877)
□ (5) extreme	**ア** 極度の　**イ** 先の **ウ** 対面の　**エ** 陽気な		ア (0899)
□ (6) freeway	**ア** 国境　**イ** 路地 **ウ** 車輪　**エ** 高速道路		エ (0886)
□ (7) tail	**ア** しっぽ **イ** 足首 **ウ** (架空の) 物語 **エ** 契約 (書)		ア (0842)
□ (8) indicate	**ア** を代表する **イ** を指し示す **ウ** を挿入する **エ** を高める		イ (0828)
□ (9) soil	**ア** 容器　**イ** 層 **ウ** 土　**エ** 鋼鉄		ウ (0863)

2 下線部の語句の意味を答えなさい。

□ (1) <u>compete</u> with one another 互いに(　　　)合う	競い(0816)
□ (2) <u>virtual</u> reality (　　　)現実	仮想(0895)
□ (3) cure <u>cancer</u> (　　　)を治す	がん(0858)
□ (4) I <u>bet</u> he'll win the game. 私は彼がその試合に勝つ(と　　　)。	と確信している(0823)
□ (5) an active <u>volcano</u> 活(　　　)	火山(0865)
□ (6) a piece of <u>poetry</u> 一編の(　　　)	詩(0882)
□ (7) <u>combine</u> theory with practice 実践と理論(を　　　)	を結び付ける(0822)
□ (8) by <u>contrast</u> それとは(　　　)的に	対照(0833)
□ (9) a <u>newborn</u> baby (　　　)赤ちゃん	生まれたばかりの(0893)
□ (10) <u>enlarge</u> the letters on the screen 画面上の文字(を　　　)	を拡大する(0808)
□ (11) give a <u>prescription</u> to a patient 患者に(　　　)を出す	処方箋(0868)

Section 9-4

見出し語番号 0801~0900

学習日　　月　　日

正解　　/20問

1 音声を聞いて語句の意味を**ア**～**ウ**から選びなさい。
（音声が聞けない場合は語句を見て選びなさい）

□ (1)	**ア** 香水　**イ** 雰囲気　**ウ** 羽	feather	ウ (0846)
□ (2)	**ア** (を)固定する　**イ** (を)かき混ぜる　**ウ** (を)演じる	stir	イ (0809)
□ (3)	**ア** 経歴　**イ** 定義　**ウ** 精度	background	ア (0864)
□ (4)	**ア** 不平　**イ** 郊外　**ウ** 湿気	suburb	イ (0888)
□ (5)	**ア** 存在する　**イ** 進展する　**ウ** 重大である	exist	ア (0829)
□ (6)	**ア** 専門家　**イ** 創作者　**ウ** 秘書	secretary	ウ (0869)
□ (7)	**ア** 骨組み　**イ** 羊毛　**ウ** 報酬	wool	イ (0841)
□ (8)	**ア** 爆弾　**イ** 団体　**ウ** 傷跡	bomb	ア (0874)

2 音声を聞いて語句の意味を**ア**～**エ**から選びなさい。
（音声が聞けない場合は語句を見て選びなさい）

ア 土産　**イ** 舌
ウ 日没　**エ** 長さ

□ (1)	tongue	イ (0852)
□ (2)	souvenir	ア (0856)
□ (3)	sunset	ウ (0834)
□ (4)	length	エ (0837)

3 音声を聞いて(　　　)に適切なものを答えなさい。
(音声が聞けない場合は語句を見て答えなさい)

□ (1) 銃でその男性(を　　　)	threaten the man with a gun を脅す(0805)
□ (2) (ガソリンスタンドの)給油(　　　)	a gasoline pump ポンプ(0880)
□ (3) 燃料として(　　　)を使う	use coal for fuel 石炭(0875)
□ (4) (　　　)箔(はく)	aluminum foil アルミ(0885)
□ (5) 次の金曜日まで試合(を　　　)	postpone the match until next Friday を延期する(0810)
□ (6) (　　　)をしてもらう	have a massage マッサージ(0891)
□ (7) (　　　)に合わせて手を打つ	clap in rhythm リズム(0855)
□ (8) 有名な(　　　)	a famous historian 歴史学者(0862)

Section 9-5

見出し語番号 0801~0900

学習日	月	日
正解	/15問	

1 次の各文の（　　）に適する語句を**ア～ク**から選びなさい。

□ (1) She (　　) her handkerchief at me. 彼女はハンカチを私に向けて振った。	オ (0825)
□ (2) It's been a month after moving in, but I haven't (　　) some boxes yet. 引っ越してから1カ月たつが，まだ中身を出していない箱がいくつかある。	ウ (0807)
□ (3) My grandparents (　　) great difficulties to come to America. 祖父母はアメリカに来るために大変な困難に打ち勝った。	ア (0827)
□ (4) She feels a lot of (　　) for her dog. 彼女は飼い犬に多大な愛情を感じている。	カ (0889)
□ (5) She has been in bed with (　　) for a week. 彼女はインフルエンザで1週間ずっと寝ている。	イ (0887)
□ (6) The huge (　　) includes residents' real names, addresses, and photos. その巨大なデータベースは居住者の本名，住所，写真を含んでいる。	キ (0873)
□ (7) She was required to show her passport to prove her (　　). 彼女は身元を証明するためパスポートを提示するよう要求された。	エ (0831)
□ (8) The question (　　) me. その質問は私を当惑させた。	ク (0820)

ア overcame	**イ** influenza	**ウ** unpacked	**エ** identity
オ waved	**カ** affection	**キ** database	**ク** puzzled

2 次の各文の（　　）に適する語句を**ア〜エ**から選びなさい。

□ (1) Many schools focus on improving students' (　　) ability. 多くの学校が生徒たちの学力向上に集中している。 ア relevant　イ creative　ウ classical　エ academic	エ (0898)
□ (2) In my school, a (　　) tournament is held during the school festival every year. 私の学校では，毎年文化祭の間にチェス大会が行われる。 ア choice　イ cash　ウ chess　エ cell	ウ (0835)
□ (3) I like the photos of places in Italy that she puts on her (　　). 私は彼女がブログに載せるイタリア各所の写真が好きだ。 ア range　イ blog　ウ sight　エ court	イ (0878)
□ (4) I like to read (　　) rather than novels. 私は小説よりもノンフィクションを読むのが好きだ。 ア nonfiction　イ consequence ウ summary　エ review	ア (0876)
□ (5) I saw some people (　　) from a bridge into the river. 私は橋の上から川に飛び込んでいる人を何人か見た。 ア surviving　イ rolling　ウ diving　エ beating	ウ (0826)
□ (6) I need to drop off my daughter at the (　　) before going to the office. 会社へ行く前に娘を幼稚園で降ろしていく必要がある。 ア kindergarten　イ playground ウ childhood　エ household	ア (0836)
□ (7) She decided to live (　　) in her husband's home country. 彼女は夫の母国に永住することに決めた。 ア silently　イ closely ウ particularly　エ permanently	エ (0900)

単語編 でる度 B

英検形式にチャレンジ!

学習日　　月　　日

正解　　／20問

次の(1)から(20)までの(　　)に入れるのに最も適切なものを**1**, **2**, **3**, **4**の中から一つ選びなさい。

□ (1) Steven fell down the stairs in his grandparents' home twenty years ago and got a cut on his arm. He still has a (　　).

1 scar　**2** branch　**3** screen　**4** lung

1 (0883)

□ (2) (　　), the basketball team at Marshall's school is doing really well. They will probably win the regional championship this year.

1 Shortly　**2** Visually
3 Permanently　**4** Currently

4 (0696)

□ (3) Technology has made our lives easier, but relying on it too much can be a (　　) to privacy in modern society.

1 background　**2** forecast
3 threat　**4** presentation

3 (0741)

□ (4) *A*: Are you doing anything special for your sister's 18th birthday?
B: Yes, my mom and dad have (　　) a birthday party for next Sunday. There will be about 50 friends and family members there!

1 left　**2** paid
3 arranged　**4** stirred

3 (0502)

☐ (5) Living in an apartment can sometimes ( ) people due to noise, lack of space, or difficulty with neighbors, but it can also be convenient. **1** (0603)

1 bother **2** reduce **3** attract **4** treat

☐ (6) Wild animals often use their ( ) to keep themselves safe, get away from enemies, and decide what foods are safe to eat. **3** (0568)

1 orders **2** devices
3 instincts **4** charities

☐ (7) Teenagers sometimes suffer from ( ) because of pressure to do well at school and relationship problems. **1** (0676)

1 anxiety **2** authority
3 poverty **4** accuracy

☐ (8) *A*: Do you like my new phone? I waited outside the store on the first day of sales to buy it. **3** (0686)
B: It looks cool. You always get the ( ) models.

1 secondhand **2** talented
3 latest **4** precious

☐ (9) ( ) her older sister, who enjoys playing sports outdoors with friends, Maria prefers to spend her free time reading books and listening to music on her own at home. **4** (0599)

1 Except **2** Beside **3** Despite **4** Unlike

☐ (10) People are becoming (　　　) more aware of how their actions can affect the environment. Many try hard to recycle and save energy. **2** (0789)

1 separately　　**2** increasingly
3 rarely　　**4** differently

☐ (11) (　　　) old furniture can be a great way to give it new life without losing the original beauty of the design. **4** (0812)

1 Replacing　　**2** Releasing
3 Realizing　　**4** Restoring

☐ (12) The clothing company was facing a (　　　) of staff, so the president decided to raise employee salaries, and he hopes it will attract more workers. **2** (0558)

1 board　　**2** shortage
3 material　　**4** profit

☐ (13) March is a popular month for travelers to visit Japan as the weather is often sunny and mild. The summer has a lot of (　　　) so tourists may feel uncomfortable. **3** (0844)

1 luxury　　**2** surgeries
3 humidity　　**4** occasions

☐ (14) All the employees at Roby's Garden Center love their boss because he is always (　　　) with praise and rewards for their hard work. **3** (0896)

1 strict　　**2** nervous
3 generous　　**4** confident

□ (15) Every winter, swans (　　) to warmer areas in search of food and comfortable places to live. 4 (0707)

1 rise **2** bury **3** invest **4** migrate

□ (16) The designer (　　) the importance of choosing the right colors and furniture to help me make my new home more comfortable. 1 (0513)

1 emphasized **2** expected
3 decorated **4** digested

□ (17) Bicycle (　　) can help people in case of accidents or damage to their bike. This can save them a lot of money. 2 (0655)

1 requirement **2** insurance
3 flexibility **4** contribution

□ (18) The old house was (　　) into a stylish café. The owners kept the original structure but added some modern designs. 1 (0720)

1 converted **2** surrounded
3 repeated **4** layered

□ (19) Sheila has been having chest pains lately. She was advised to go to see a doctor who (　　) in heart disease. 2 (0802)

1 stirs **2** specializes
3 competes **4** retires

☐ (20) *A*: Guess what! I'm going to work in a branch in Spain from next month!
B: Congratulations, Billy! I'm sure you'll do well (　　　) you go.

1 wherever　　**2** whichever
3 whoever　　**4** whatever

1 (0799)

訳

(1) スティーブンは20年前に祖父母の家で階段から落ちて腕に切り傷ができた。彼にはまだ傷跡がある。

(2) 現在，マーシャルの学校のバスケットボールチームはとても良くやっている。彼らはおそらく今年の地区選手権で優勝するだろう。

(3) 科学技術によって私たちの生活は楽になったが，現代社会ではそれに頼り過ぎることはプライバシーへの脅威になり得る。

(4) A：あなたのお姉[妹]さんの18才の誕生日に何か特別なことはするの？
B：うん，母と父が誕生日パーティーの日程を次の日曜日に取り決めたの。50人ほどの友だちと家族が来るんだ！

(5) アパートに住むことは時に，騒音やスペースの不足，ご近所付き合いの難しさのために人々を悩ませることもあるが，それはまた便利なこともある。

(6) 野生動物はしばしば本能を使って，自分たちの安全を確保し，敵から逃げ，どの食べ物が食べるのに安全なのか判断する。

(7) ティーンエイジャーは時に，学校でうまくやるというプレッシャーや人間関係の問題のために不安に苦しむ。

(8) A：私の新しい電話はどう？　私はこれを買うために，発売初日に店の外で待ったんだ。
B：かっこよく見えるよ。君はいつも最新のモデルを買うよね。

(9) 友だちと外でスポーツをするのを楽しむ彼女の姉とは違って，マリアは家で1人で本を読んだり音楽を聞いたりして彼女の自由時間を過ごす方が好きだ。

(10) 人々はますます自分たちの行動が環境にどれだけ影響を与え得るかをより意識するようになっている。多くの人はリサイクルをしたりエネルギーを節約したりする努力をしている。

(11) 古い家具を修復することは元のデザインの美しさを失わずに新しい生命を与える素晴らしい方法かもしれない。

(12) その衣料品会社はスタッフ不足に直面していたので，社長は従業員の給料を上げることにし，そしてそれがもっと多くの労働者を引きつけることを望んでいる。

(13) 3月は天気が晴れて穏やかなので，日本を訪れる旅行者に人気の月である。夏は湿気が多いので，旅行者は不快に感じるかもしれない。

(14) ロビーズ・ガーデン・センターの従業員はみんな上司が大好きだ。なぜなら，彼はいつも彼らの大変な仕事への称賛と報酬について気前が良いからだ。

(15) 毎冬，白鳥は食べ物と暮らすのに快適な場所を求めて，より暖かい場所に渡る。

(16) そのデザイナーは私が新居をより快適にするのを助けるために，適切な色と家具を選ぶことの重要性を強調した。

(17) 自転車保険は事故や自転車への損傷の際に人々を助けることができる。これによって彼らは多くのお金を節約できる。

(18) その古い家はおしゃれなカフェに変えられた。オーナーたちは元の構造を保ったが，現代的なデザインを加えたのだ。

(19) シーラは最近ずっと胸に痛みがある。彼女は心臓病を専門とする医者に診てもらいに行くよう助言された。

(20) A：ねえ聞いてよ！　来月からスペインの支店で働くことになったんだ！
B：おめでとう，ビリー！　あなたはきっとどこに行ってもうまくやるよ。

単語編

差がつく応用単語 ● 400

Section 10-1

見出し語番号 0901~1000

学習日　　月　　日

正解　　／20問

1 次の語句の意味を**ア～エ**から選びなさい。

	問題	選択肢	解答
□	(1) graduation	**ア** 調査　**イ** 金額 **ウ** 卒業　**エ** 練習	ウ (0931)
□	(2) informal	**ア** 確信がない **イ** 無罪の **ウ** 永久不変の **エ** くだけた	エ (0988)
□	(3) automobile	**ア** 自動車　**イ** 装置 **ウ** 金属　**エ** 輸送機関	ア (0948)
□	(4) dislike	**ア** を禁止する **イ** を負かす **ウ** を嫌う **エ** を拒否する	ウ (0908)
□	(5) status	**ア** 地位　**イ** 収入 **ウ** 発明　**エ** 時代	ア (0958)
□	(6) silently	**ア** 心から　**イ** 黙って **ウ** わずかに　**エ** 定期的に	イ (0999)
□	(7) branch	**ア** 支店　**イ** 代理店 **ウ** 診療所　**エ** 寺院	ア (0947)
□	(8) vote	**ア** 思い浮かぶ **イ** 意思疎通する **ウ** 投票する **エ** 卒業する	ウ (0913)
□	(9) secondhand	**ア** 局地的な **イ** 中古の **ウ** 二者択一の **エ** 手に入る	イ (0990)

□ (10) employment	ア 指示　イ 宣伝 ウ 圧力　エ 雇用	エ (0942)
□ (11) wheel	ア 周期　イ 視野 ウ 故障　エ 車輪	エ (0964)
□ (12) curious	ア 好奇心の強い イ 才能がある ウ 都合のいい エ 利用できる	ア (0976)
□ (13) resource	ア 細胞　イ 利点 ウ 客　エ 資源	エ (0930)
□ (14) heal	ア 訴える イ 復唱する ウ (傷などが) 治る エ (液体や空気が) 流れる	ウ (0904)
□ (15) potential	ア 失礼な　イ 潜在的な ウ 有効な　エ 神経質な	イ (0979)

2 次の語句と反対の意味を持つ語句を**ア～オ**から選びなさい。

□ (1) import	⇔ (　　)	イ (0901)
□ (2) oppose	⇔ (　　)	オ (0917)
□ (3) guilty	⇔ (　　)	ア (0974)
□ (4) complex	⇔ (　　)	ウ (0981)
□ (5) awake	⇔ (　　)	エ (0996)

ア innocent　イ export　ウ simple　エ asleep
オ support

Section 10-2

見出し語番号 0901~1000

学習日　　月　　日

正解　　／22問

1 次の語句の意味を**ア**～**エ**から選びなさい。

	問題	選択肢		解答
□	(1) insist	**ア** 強く主張する **イ** 参加する **ウ** 上陸する **エ** 続く		ア (0906)
□	(2) ethnic	**ア** ばく大な **ウ** 有効な	**イ** 民族的な **エ** 便利な	イ (0977)
□	(3) citizen	**ア** 田舎 **ウ** 助手	**イ** 作物 **エ** 国民	エ (0936)
□	(4) edge	**ア** 結論 **ウ** 端	**イ** 記録 **エ** 札	ウ (0949)
□	(5) specially	**ア** もともと **ウ** かなり	**イ** 特別に **エ** 直接に	イ (0998)
□	(6) detect	**ア** を検出する **イ** を公表する **ウ** と接触する **エ** に続く		ア (0923)
□	(7) fitness	**ア** 痛み **ウ** 行動	**イ** 大気 **エ** 健康	エ (0969)
□	(8) homeless	**ア** 信じられない **イ** 家のない **ウ** ありそうにもない **エ** 普通でない		イ (0991)
□	(9) desire	**ア** 性別 **ウ** 願望	**イ** 混乱 **エ** 脅威	ウ (0959)
□	(10) defeat	**ア** を分け合う **ウ** を雇う	**イ** を告発する **エ** を負かす	エ (0922)

2 下線部の語句の意味をア〜ウから選びなさい。

☐ (1) <u>**stock**</u> various types of plants ア を準備する　イ を開発する　ウ を店に置いている	ウ (0927)
☐ (2) give a <u>**lecture**</u> ア 提案　イ 講演　ウ 競争	イ (0933)
☐ (3) a <u>**cheerful**</u> girl ア 元気の良い　イ 好奇心の強い　ウ 繊細な	ア (0985)
☐ (4) <u>**confirm**</u> a reservation ア を必要とする　イ を確認する　ウ を取り消す	イ (0921)
☐ (5) as a <u>**consequence**</u> ア 責任者　イ 例　ウ 結果	ウ (0944)
☐ (6) The printing industry is <u>**declining**</u>. ア 発展し　イ 衰退し　ウ 奮闘し	イ (0914)
☐ (7) have a good <u>**reputation**</u> ア 評判　イ バランス　ウ 関係	ア (0955)
☐ (8) <u>**classical**</u> music ア ロマンチックな　イ クラシックの　ウ 最高水準の	イ (0994)
☐ (9) a <u>**disagreement**</u> between parents ア つながり　イ 意思の疎通　ウ 意見の相違	ウ (0972)
☐ (10) the <u>**principal**</u> of a high school ア 方針　イ 校長　ウ 経営	イ (0965)
☐ (11) <u>**establish**</u> a company ア を代表する　イ を称賛する　ウ を設立する	ウ (0916)
☐ (12) an <u>**inexpensive**</u> restaurant ア 安価な　イ 心地の良くない　ウ 高級な	ア (0975)

訳　(1) さまざまな種類の植物を店に置いている　(2) 講演をする　(3) 元気の良い女の子
(4) 予約を確認する　(5) 結果として　(6) 印刷産業は衰退している。　(7) 評判が良い
(8) クラシック［古典派］音楽　(9) 両親の間の意見の相違　(10) 高校の校長　(11) 会社を設立する
(12) 安価なレストラン

Section 10-3

見出し語番号 0901~1000

学習日　　月　　日

正解　　／20問

1 次の語句の意味を**ア**～**エ**から選びなさい。

問題	選択肢	解答
□ (1) float	**ア** 気にかける **イ** 浮かぶ **ウ** 持続する **エ** 緩む	イ(0912)
□ (2) possibility	**ア** 効率　**イ** 定義 **ウ** 柔軟性　**エ** 可能性	エ(0941)
□ (3) supporter	**ア** 考案者　**イ** 設計者 **ウ** 支持者　**エ** 使用者	ウ(0943)
□ (4) slightly	**ア** わずかに **イ** 消極的に **ウ** 絶えず **エ** 独立して	ア(0997)
□ (5) mention	**ア** を賃借りする **イ** に出席する **ウ** を要求する **エ** に言及する	エ(0920)
□ (6) thunderstorm	**ア** 液体 **イ** 激しい雷雨 **ウ** 人工衛星 **エ** 取り散らかしたもの	イ(0950)
□ (7) scary	**ア** 余分の　**イ** 全体の **ウ** 怖い　**エ** 劇的な	ウ(0993)
□ (8) bloom	**ア** (花が)咲く **イ** 患う **ウ** (鳥・魚が)渡る **エ** 討論する	ア(0909)

2 下線部の語句の意味を答えなさい。

	問題	解答
□ (1)	**ban** smoking in public places 公共の場所での喫煙(を　　　)	を禁止する(0918)
□ (2)	get a **shot** (　　　)を打ってもらう	注射(0966)
□ (3)	the local **press** 地方(　　　)	新聞(0968)
□ (4)	a **sound** mind (　　　)精神	健全な(0992)
□ (5)	do a summer **internship** 夏の(　　　)を行う	インターンシップ(0963)
□ (6)	**tremble** from being nervous 緊張で(　　　)	震える(0911)
□ (7)	There is no **room** for improvement. 改善の(　　　)がない。	余地(0962)
□ (8)	These **figures** show the profit for this month. これらの(　　　)は今月の利益を表す。	数字(0971)
□ (9)	be **responsible** for the accident その事故に対して(　　　)	責任がある(0995)
□ (10)	**refuse** to answer the question その質問に答えること(を　　　)	を拒否する(0915)
□ (11)	an **additional** charge (　　　)料金	追加(0984)
□ (12)	the **imperial** family (　　　)室	皇(0986)

Section 10-4

見出し語番号 0901~1000

学習日　　月　　日

正解　　／20問

1 音声を聞いて語句の意味を**ア～エ**から選びなさい。
（音声が聞けない場合は語句を見て選びなさい）

ア 提案　**イ** 基礎
ウ 暖かさ　**エ** 種（しゅ）

□ (1)	foundation	イ (0928)
□ (2)	species	エ (0956)
□ (3)	warmth	ウ (0946)
□ (4)	suggestion	ア (0929)

2 音声を聞いて語句の意味を**ア～ウ**から選びなさい。
（音声が聞けない場合は語句を見て選びなさい）

□ (1) **ア** 代わりの　**イ** 快い　**ウ** 排他的な	alternative	ア (0983)
□ (2) **ア** 家庭教師　**イ** 被害者　**ウ** 候補者	candidate	ウ (0937)
□ (3) **ア** 回復する　**イ** 変わる　**ウ** 問題となる	vary	イ (0902)
□ (4) **ア** 処方箋　**イ** 車輪　**ウ** 武器	weapon	ウ (0953)
□ (5) **ア** 予測　**イ** 洗濯（物）　**ウ** 彫刻（作品）	laundry	イ (0967)
□ (6) **ア** 地理学　**イ** 化学　**ウ** 生物学	geography	ア (0938)

□ (7) ア を維持する　イ を消化する　ウ を教育する	educate	ウ (0926)
□ (8) ア 経営　イ 名誉　ウ 主張	management	ア (0935)

3 音声を聞いて（　　　）に適切なものを答えなさい。
（音声が聞けない場合は語句を見て答えなさい）

□ (1) 注目（に　　　）アイデア	an idea that deserves attention に値する (0903)
□ (2) 食用作物から（　　　）を作る	make biofuel from food crops バイオ燃料 (0961)
□ (3) アラスカの美しい（　　　）	the beautiful scenery of Alaska 風景 (0970)
□ (4) （　　　）を制作する	make a documentary ドキュメンタリー番組 (0951)
□ (5) （　　　）素材	eco-friendly materials 環境に優しい (0989)
□ (6) 放送（　　　）	a broadcast studio スタジオ (0952)
□ (7) 著しく学校教育（を　　　）	alter school education greatly を変える (0919)
□ (8) 危険な（　　　）	a dangerous criminal 犯罪者 (0945)

Section 10-5

見出し語番号 0901~1000

学習日　　月　　日

正解　　／14問

1 次の各文の（　　　）に適する語句を**ア**～**キ**から選びなさい。

□ (1) We have no other (　　　) but to cancel the trip. 私たちには旅行をキャンセルする以外の選択の余地がない。	ウ (0939)
□ (2) The chemical (　　　) burned my fingers. 化学物質で指をやけどした。	オ (0957)
□ (3) In (　　　), I think it's beneficial to participate in volunteer work. 要約すると，私はボランティア活動に参加することは有益だと思う。	エ (0940)
□ (4) At the restaurant, customers are encouraged to take (　　　) food home. そのレストランでは，客は食べ残しを持ち帰ることが奨励されている。	イ (0978)
□ (5) The school provides an excellent (　　　) education. その学校は優れた一般教育を提供している。	キ (0980)
□ (6) The (　　　) cost of living has gone up. 生活費全般が上昇している。	カ (0982)
□ (7) A million dollars is a great (　　　) of money. 100万ドルは大量の金である。	ア (0960)

ア deal　**イ** leftover　**ウ** option　**エ** summary
オ substance　**カ** overall　**キ** general

2 次の各文の（　　）に適する語句を**ア～エ**から選びなさい。

□ (1) I need my parents' (　　) to stay out late.
夜遅くまで外出するには両親の許可が必要だ。
ア communication　イ evidence
ウ permission　エ neighborhood
ウ (0932)

□ (2) I (　　) myself in the shower.
私はシャワーで気分をさわやかにする。
ア refresh　イ memorize　ウ heal　エ import
ア (0910)

□ (3) My friends and I were (　　) in playing the video game.
友人たちと私はテレビゲームをするのに夢中だった。
ア combined　イ absorbed
ウ determined　エ motivated
イ (0924)

□ (4) (　　), I can finish the paper by Friday.
うまくいけば，金曜日までに論文を仕上げられる。
ア Frankly　イ Equally　ウ Possibly　エ Hopefully
エ (1000)

□ (5) Today's digital world has resulted in less (　　) communication.
今日のデジタル社会により対面コミュニケーションが減った。
ア carry-on　イ intelligent
ウ face-to-face　エ financial
ウ (0987)

□ (6) That book is not (　　) for children.
あの本は子どもに適していない。
ア best-selling　イ suitable
ウ talented　エ flexible
イ (0973)

□ (7) The mayor (　　) to the public for their support regarding the new education policy.
市長は新しい教育政策への支援を世間に訴えた。
ア appealed　イ debated
ウ adjusted　エ complained
ア (0905)

Section 11-1

見出し語番号 1001~1100

学習日　月　日

正解　/20問

1 次の語句の意味を**ア**～**エ**から選びなさい。

問題	選択肢	解答
□ (1) historical	**ア** 永続的な　**イ** 歴史の **ウ** 演劇の　**エ** 安定した	イ (1061)
□ (2) introduction	**ア** 結果　**イ** 環境 **ウ** 工夫　**エ** 序論	エ (1020)
□ (3) reuse	**ア** を再建する **イ** を再び始める **ウ** を再利用する **エ** を再設定する	ウ (1015)
□ (4) creator	**ア** 顧客　**イ** 従業員 **ウ** 職員　**エ** 創作者	エ (1035)
□ (5) regional	**ア** 地方の　**イ** 急速な **ウ** 追加の　**エ** 民族的な	ア (1080)
□ (6) inspire	**ア** を許容する **イ** を奮い立たせる **ウ** を暗に示す **エ** を保証する	イ (1002)
□ (7) constantly	**ア** いつでも **イ** うまくいけば **ウ** 特別に **エ** わずかに	ア (1094)
□ (8) economically	**ア** 基本的には **イ** 有効に **ウ** 経済的に **エ** 本当に	ウ (1098)
□ (9) full-time	**ア** 常勤の　**イ** 全体の **ウ** 以前の　**エ** 典型的な	ア (1071)

☐ (10) reduction	ア 減少　ウ 不足	イ 量　エ 効率	ア (1030)
☐ (11) accuracy	ア 速度　ウ 精度	イ 温度　エ 程度	ウ (1045)
☐ (12) objection	ア 許可　ウ 要因	イ 提案　エ 反対	エ (1029)

2 次の語句と反対の意味を持つ語句を**ア〜オ**から選びなさい。

☐ (1) rival	⇔	(　　)	イ (1025)
☐ (2) defense	⇔	(　　)	ア (1026)
☐ (3) ceiling	⇔	(　　)	オ (1051)
☐ (4) former	⇔	(　　)	エ (1058)
☐ (5) widespread	⇔	(　　)	ウ (1059)

ア offense　イ supporter　ウ limited　エ present　オ floor

3 次の語句と似た意味を持つ語句を**ア〜ウ**から選びなさい。

☐ (1) beneficial	≒	(　　)	イ (1060)
☐ (2) initial	≒	(　　)	ア (1066)
☐ (3) formal	≒	(　　)	ウ (1083)

ア first　イ useful　ウ official

Section 11-2

見出し語番号 1001~1100

学習日　　月　　日

正解　　／20問

1 次の語句の意味を**ア～エ**から選びなさい。

□ (1) relevant	ア 巨大な ウ 明らかな	イ 関連した エ 正規の	イ (1065)
□ (2) depression	ア 憂うつ ウ 実践	イ 燃料 エ 治療	ア (1046)
□ (3) rebuild	ア を再生利用する イ を更新する ウ を書き直す エ を改築する		エ (1011)
□ (4) workshop	ア 団体 ウ 研修会	イ 広告 エ 施設	ウ (1032)
□ (5) innocent	ア 永久不変の イ 無罪の ウ 創造的な エ 絶滅した		イ (1075)
□ (6) specialist	ア 専門家 ウ 重役	イ 教官 エ 巡査	ア (1040)
□ (7) apology	ア 会話 ウ 恐れ	イ 知識 エ おわび	エ (1024)
□ (8) permanent	ア 反対の ウ なめらかな	イ 永続的な エ 局地的な	イ (1070)
□ (9) steadily	ア 否定的に イ 間違いなく ウ 着実に エ 一般に		ウ (1089)
□ (10) inventor	ア 映画監督 ウ 指導者	イ 仲介者 エ 発明者	エ (1048)

2 下線部の語句の意味をア～ウから選びなさい。

		答
□ (1) a **creative** piece of work ア 珍しい　イ 創造的な　ウ 神秘的な		イ (1064)
□ (2) **define** the meaning of a word ア を定義する　イ を調べる　ウ を暗記する		ア (1004)
□ (3) in **cooperation** with co-workers ア 奨励　イ 議論　ウ 協力		ウ (1038)
□ (4) a **challenging** job ア やりがいのある　イ 一般的な　ウ 対面の		ア (1072)
□ (5) **deny** having opened his letter ア を証明する　イ を否定する　ウ を知らせる		イ (1006)
□ (6) live **independently** ア 地元で　イ どこかで　ウ 独立して		ウ (1096)
□ (7) explore a **cave** ア 洞窟　イ 火山　ウ ジャングル		ア (1055)
□ (8) be **astonished** to hear the news ア おびえる　イ 驚く　ウ 失望する		イ (1018)
□ (9) a **representative** of the employees ア 賃金　イ 代表者　ウ 寮		イ (1057)
□ (10) have a **dramatic** effect ア 明らかな　イ わずかな　ウ 劇的な		ウ (1074)

訳 (1) 創造的な作品　(2) 単語の意味を定義する　(3) 同僚と協力して　(4) やりがいのある仕事　(5) 彼の手紙を開封したことを否定する　(6) 独立して生活する　(7) 洞窟を探検する　(8) その知らせを聞いて驚く　(9) 従業員の代表者　(10) 劇的な効果がある

Section 11-3

見出し語番号 1001~1100

学習日　月　日

正解　/22問

1 次の語句の意味を**ア**～**エ**から選びなさい。

□ (1) definition	ア 定義　イ 発見 ウ 流行　エ 難題	ア (1043)
□ (2) bleed	ア 咳をする　イ 出血する ウ どなる　エ 崩壊する	イ (1014)
□ (3) stable	ア 妥当な イ 責任のある ウ 安定した エ 皇帝の	ウ (1077)
□ (4) roof	ア 屋根　イ 位置 ウ 手法　エ 地方	ア (1050)
□ (5) opposite	ア 有罪の　イ 潜在的な ウ 複雑な　エ 逆の	エ (1085)
□ (6) terribly	ア わずかに　イ ひどく ウ 消極的に　エ 自主的に	イ (1091)
□ (7) calculator	ア 指示　イ 医療 ウ 計算機　エ 進歩	ウ (1052)
□ (8) truly	ア 独立して　イ 有効に ウ 経済的に　エ 本当に	エ (1097)
□ (9) rapid	ア ややこしい イ 急速な ウ 劇的な エ 常勤の	イ (1079)
□ (10) separately	ア 離れて　イ 密接に ウ すぐに　エ かなり	ア (1088)

2 下線部の語句の意味を答えなさい。

□ (1) a **reliable** source of information (　　)情報源	信頼できる(1076)
□ (2) **compose** a sonata ソナタ(を　　)	を作曲する(1007)
□ (3) make a **complaint** (　　)を言う	不平(1022)
□ (4) the **greenhouse** effect (　　)効果	温室(1044)
□ (5) most **importantly** 最も(　　)	重要なことには(1090)
□ (6) My passport has **expired**. パスポートの(　　)た。	期限が切れ(1009)
□ (7) **plus** consumption tax 消費税(　　)	を加えて(1100)
□ (8) live in a student **dormitory** 学生(　　)に住む	寮(1054)
□ (9) a **complicated** structure (　　)構造	複雑な(1073)
□ (10) be **totally** different from others ほかのものと(　　)違う	全く(1087)
□ (11) **split** the cost with friends 友人と費用(を　　)	を分ける(1013)
□ (12) use robots **effectively** ロボットを(　　)使用する	効果的に(1092)

Section 11-4

見出し語番号 1001~1100

学習日	月	日
正解		/20問

1 音声を聞いて語句の意味を**ア**～**エ**から選びなさい。
（音声が聞けない場合は語句を見て選びなさい）

ア 極めて重要な
イ 円滑に動く
ウ 十分な
エ 明らかな

□	(1)	smooth	イ (1084)
□	(2)	obvious	エ (1069)
□	(3)	adequate	ウ (1082)
□	(4)	vital	ア (1081)

2 音声を聞いて語句の意味を**ア**～**ウ**から選びなさい。
（音声が聞けない場合は語句を見て選びなさい）

□	(1)	ア を承認する　イ を建設する　ウ を和らげる	ease	ウ (1010)
□	(2)	ア 不景気　イ 不利な立場　ウ 天災	disadvantage	イ (1033)
□	(3)	ア 有機の　イ 一時的な　ウ 理想的な	ideal	ウ (1062)
□	(4)	ア 建築家　イ 身内　ウ 観衆	architect	ア (1049)
□	(5)	ア 設計者　イ 専門家　ウ 先駆者	pioneer	ウ (1039)
□	(6)	ア 屋根　イ 保管　ウ 温室	storage	イ (1053)

□ (7) ア を再建する イ を再利用する ウ を書き直す	rewrite	ウ(1016)
□ (8) ア 文学　イ 反響　ウ 精度	literature	ア(1034)
□ (9) ア 不十分に　イ 否定的に ウ 永久に	negatively	イ(1095)

3 音声を聞いて(　　　)に適切なものを答えなさい。
(音声が聞けない場合は語句を見て答えなさい)

□ (1) (　　　)が豊富である	have a large vocabulary 語彙(1041)
□ (2) 軽い冗談で(　　　)と感じる	feel insulted by a small joke 侮辱された(1005)
□ (3) 結婚式に(　　　)スーツ	a suit appropriate for a wedding ふさわしい(1068)
□ (4) (　　　)を求めて戦う	fight for equality 平等(1027)
□ (5) フロリダを襲った(　　　)	a hurricane that hit Florida ハリケーン(1047)
□ (6) 採用された(　　　)	a successful applicant 志願者(1031)
□ (7) プロジェクトは(　　　)成功だった。	The project was definitely a success. 間違いなく(1086)

Section 11-5

見出し語番号 1001~1100

学習日	月	日
正解		/14問

1 次の各文の（　　　）に適する語句を**ア～キ**から選びなさい。

□	**(1)** You shouldn't (　　　) any waste into the river. どんな廃棄物も川に捨てるべきではない。	キ (1008)
□	**(2)** Students were told to (　　　) their essays by removing repeated expressions. 生徒たちは繰り返されている表現を取り除いてエッセイを短くするよう言われた。	ア (1012)
□	**(3)** Once the update is complete, (　　　) the software. アップデートが完了したらソフトウェアを再開始してください。	エ (1017)
□	**(4)** Dolphins can detect objects using the (　　　) of the sounds they make. イルカは自分の出す音の反響を使って物体を感知することができる。	オ (1056)
□	**(5)** The boxer approached the fight with (　　　). ボクサーは自信を持って試合に臨んだ。	イ (1037)
□	**(6)** The customer bought a large (　　　) of wine at the store. その客は店で大量のワインを買った。	カ (1028)
□	**(7)** He has decreased production costs by increasing (　　　). 彼は効率を高めることで生産コストを減少させた。	ウ (1021)

ア shorten　**イ** confidence　**ウ** efficiency　**エ** restart
オ echoes　**カ** quantity　**キ** dump

2 次の各文の（　　）に適する語句を**ア**～**エ**から選びなさい。

□ (1) I think a lot of (　　) details make your main point unclear. エ (1078)
不要な細部が多いため，要点が不明確になっていると思う。
ア virtual　イ unexpected
ウ extreme　エ unnecessary

□ (2) He is (　　) right, but I have different ideas on some points. イ (1093)
彼は基本的には正しいが，私にはいくつかの点で異なる考えがある。
ア commonly　イ basically
ウ additionally　エ sincerely

□ (3) She (　　) her parents to let her travel around Europe alone. ア (1019)
彼女は1人でヨーロッパ旅行をさせてくれるよう両親に懇願した。
ア begged　イ instructed
ウ contacted　エ trained

□ (4) I'm going to put this picture in a (　　). ウ (1036)
私はこの絵を額縁に入れるつもりだ。
ア handout　イ masterpiece
ウ frame　エ sculpture

□ (5) I bought this jacket at a (　　) price. イ (1067)
私はこのジャケットを手ごろな価格で買った。
ア financial　イ reasonable　ウ stylish　エ blind

□ (6) The company raised the monthly (　　) of its employees. エ (1042)
会社は従業員の月給を上げた。
ア trades　イ versions　ウ values　エ wages

□ (7) The elderly couple decided to (　　) in New Zealand. エ (1001)
その老夫婦はニュージーランドに定住することを決めた。
ア crash　イ specialize　ウ behave　エ settle

Section 12-1

見出し語番号 1101~1200

学習日　　月　　日

正解　　／18問

1 次の語句の意味を**ア～エ**から選びなさい。

□ (1) substitute	ア 通勤する イ 代わりをする ウ 干渉する エ 崩壊する	イ (1115)
□ (2) duty	ア 自信　イ 定義 ウ 精度　エ 職務	エ (1154)
□ (3) sculpture	ア 不利（な点） イ 伝承 ウ 彫刻（作品） エ 宝石類	ウ (1129)
□ (4) stranger	ア 助手 イ 守衛 ウ 同室者 エ 見知らぬ人	エ (1136)
□ (5) comment	ア 論評　イ 様式 ウ 区画　エ 成長	ア (1150)
□ (6) independent	ア 不必要な　イ 独立した ウ 前の　エ 理想的な	イ (1161)
□ (7) admit	ア を認める　イ をかむ ウ を特集する　エ を定義する	ア (1102)
□ (8) embarrassed	ア 目が覚めて イ 創造的な ウ きまりの悪い エ 関連した	ウ (1181)
□ (9) faith	ア 速度　イ 範囲 ウ 費用　エ 信頼	エ (1153)

□ (10) **heartbeat**	**ア** 意見の相違 **イ** 心臓の鼓動 **ウ** 激しい雷雨 **エ** 健康診断	イ (1140)
□ (11) **possibly**	**ア** 貧しく **イ** 静かに **ウ** もしかしたら **エ** 特に	ウ (1188)
□ (12) **salty**	**ア** 塩気のある **イ** 普及した **ウ** 古典主義の **エ** 有益な	ア (1187)
□ (13) **royal**	**ア** 電気の　**イ** 王室の **ウ** 現在の　**エ** 経済の	イ (1174)
□ (14) **absolute**	**ア** 完全な　**イ** 逆の **ウ** 急速な　**エ** なめらかな	ア (1160)

2 次の語句と反対の意味を持つ語句を**ア**～**エ**から選びなさい。

□ (1) **previous**	⇔ (　　)	エ (1164)
□ (2) **ridiculous**	⇔ (　　)	イ (1173)
□ (3) **messy**	⇔ (　　)	ア (1178)
□ (4) **ugly**	⇔ (　　)	ウ (1182)

ア tidy　**イ** sensible　**ウ** beautiful　**エ** later

Section 12-2

見出し語番号 1101~1200

学習日　　月　　日

正解　　/22問

1 次の語句の意味を**ア～エ**から選びなさい。

	問題	選択肢	選択肢	正解
□	(1) amazingly	ア 驚くほど ウ とりわけ	イ 黙って エ ますます	ア (1192)
□	(2) entire	ア めまいがする イ 全体の ウ 巨大な エ 宗教の		イ (1162)
□	(3) proposal	ア 焦点 ウ 性質	イ 緊急(事態) エ 提案(書)	エ (1155)
□	(4) unsure	ア 心配して ウ 確信がない	イ 失礼な エ 不健康な	ウ (1166)
□	(5) predict	ア を監視する イ (を)予測する ウ を特定する エ (を)放送する		イ (1104)
□	(6) purely	ア 全く ウ 正しく	イ 健康的に エ 簡単に	ア (1189)
□	(7) lens	ア パターン ウ レンズ	イ サンプル エ バクテリア	ウ (1134)
□	(8) exclusive	ア 不変の ウ 十分な	イ 高級な エ 失礼な	イ (1170)
□	(9) up-to-date	ア 期限が来て イ 高品質の ウ 最新(式)の エ 年長の		ウ (1186)
□	(10) rooftop	ア 上位の ウ 融通の利く	イ 裕福な エ 屋上にある	エ (1180)

2 下線部の語句の意味を**ア**～**ウ**から選びなさい。

□	(1) be filled with **joy** ア 不安　イ 苦悩　ウ 喜び	ウ (1146)
□	(2) be treated as a **foreigner** ア 客　イ 外国人　ウ 専門家	イ (1123)
□	(3) **unclear** instructions ア 不明確な　イ 絶えず続く　ウ 実際の	ア (1165)
□	(4) prepare a **handout** ア 材料　イ 試供品　ウ 配布資料	ウ (1133)
□	(5) spread a **rumor** ア うわさ　イ 意見　ウ 流行	ア (1151)
□	(6) an impressive **accomplishment** ア 習慣　イ 業績　ウ 資格	イ (1138)
□	(7) an **unbelievable** mistake ア ややこしい　イ ありふれた　ウ 信じられないような	ウ (1167)
□	(8) write a **script** ア 台本　イ 設計図　ウ 随筆	ア (1142)
□	(9) **precious** memories ア 恥ずかしい　イ 貴重な　ウ 恋愛の	イ (1176)
□	(10) free **trade** ア 貿易　イ 見学　ウ 練習	ア (1147)
□	(11) an **unwanted** gift ア 高価な　イ 不要な　ウ 突然の	イ (1183)
□	(12) **randomly** choose one from five ア 直接に　イ 後で　ウ 無作為に	ウ (1191)

訳 (1) 喜びでいっぱいの　(2) 外国人として扱われる　(3) 不明確な指示　(4) 配付資料を用意する　(5) うわさを広める　(6) 感銘を与える業績　(7) 信じられないような誤り　(8) 台本を書く　(9) 貴重な思い出　(10) 自由貿易　(11) 不要な贈り物　(12) 無作為に5つの中から1つを選ぶ

Section 12-3

見出し語番号 1101~1200

学習日　　月　　日
正解　　／20問

1 次の語句の意味をア～エから選びなさい。

□	(1) collapse	ア 崩壊する イ 引退する ウ 隠れる エ 生存する	ア (1116)
□	(2) breeze	ア 見込み　イ そよ風 ウ 鉱物　エ 旅	イ (1128)
□	(3) cigarette	ア ゴミ イ タブレット ウ 巻きたばこ エ 電池	ウ (1159)
□	(4) farther	ア もっと遠い イ 柔軟な ウ 流通している エ 最初の	ア (1172)
□	(5) masterpiece	ア 間柄　イ 多数派 ウ 細部　エ 傑作	エ (1135)
□	(6) romantic	ア 頻繁な イ 恋愛の ウ 環境の エ さまざまな	イ (1179)
□	(7) brightness	ア 痛み　イ うれしさ ウ 明るさ　エ 強さ	ウ (1143)
□	(8) visually	ア 本来は イ 異なって ウ 素早く エ 視覚的に	エ (1193)

2 下線部の語句の意味を答えなさい。

□ (1) a great **encouragement** 大きな(　　)	励み(1144)
□ (2) **tolerate** her rude behavior 彼女の失礼な態度(を　　)	を許容する(1111)
□ (3) have good **eyesight** (　　)が良い	視力(1124)
□ (4) the **value** of good health 健康の(　　)	価値(1148)
□ (5) a language **barrier** 言葉の(　　)	壁(1157)
□ (6) a **nonprofit** organization (　　)団体	非営利(1177)
□ (7) play **innocently** (　　)遊ぶ	無邪気に(1200)
□ (8) receive a **reminder** (　　)を受け取る	リマインダー(1125)
□ (9) speak English **fluently** (　　)英語を話す	流ちょうに(1199)
□ (10) a **carry-on** bag (　　)手荷物	機内持ち込みの(1184)
□ (11) a natural **disaster** 自然(　　)	災害(1158)
□ (12) talk to students **individually** 生徒と(　　)話す	個々に(1194)

Section 12-4

見出し語番号 1101~1200

学習日	月	日
正解		/20問

1 音声を聞いて語句の意味を**ア**～**エ**から選びなさい。
(音声が聞けない場合は語句を見て選びなさい)

ア をほのめかす
イ 邪魔する
ウ を保証する
エ 咳をする

□	(1)	interfere	イ (1118)
□	(2)	cough	エ (1105)
□	(3)	guarantee	ウ (1114)
□	(4)	imply	ア (1110)

2 音声を聞いて語句の意味を**ア**～**ウ**から選びなさい。
(音声が聞けない場合は語句を見て選びなさい)

□	(1)	**ア** 信用 **イ** 略歴 **ウ** 挿絵	illustration	ウ (1137)
□	(2)	**ア** 完全に **イ** 並外れて **ウ** 徐々に	exceptionally	イ (1196)
□	(3)	**ア** 貿易 **イ** 障壁 **ウ** 借金	debt	ウ (1156)
□	(4)	**ア** 手荷物 **イ** 家事 **ウ** 成句	luggage	ア (1131)
□	(5)	**ア** 太陽の **イ** 大まかな **ウ** 過去の	rough	イ (1171)
□	(6)	**ア** を指し示す **イ** を我慢する **ウ** を当惑させる	resist	イ (1107)
□	(7)	**ア** 実際の **イ** たくましい **ウ** 快い	pleasant	ウ (1175)

3 音声を聞いて(　　　)に適切なものを答えなさい。
(音声が聞けない場合は語句を見て答えなさい)

□ (1) 子どもたちに向かって(　　　)	yell at the children どなる(1112)
□ (2) 先生たちの(　　　)	teachers' profiles プロフィール(1145)
□ (3) できの悪い試験結果は彼自身の(　　　)だ。	The poor exam result was his own fault. 責任(1122)
□ (4) 若い俳優たち(を　　　)	feature young actors を主演させる(1120)
□ (5) (　　　)医師	a capable doctor 有能な(1163)
□ (6) (　　　)利用不可能である	be temporarily unavailable 一時的に(1195)
□ (7) (　　　)髪	shiny hair 光沢のある(1185)
□ (8) (　　　)をつける	put on a face mask マスク(1141)
□ (9) (　　　)靴	uncomfortable shoes 履き心地が悪い(1168)

Section 12-5

見出し語番号 1101~1200

学習日　　月　　日

正解　　/16問

1 次の各文の（　　）に適する語句を**ア～ク**から選びなさい。

□	(1) The architect (　　) the construction of his own house. その建築家は彼自身の家の建設の指揮を執った。	ウ (1101)
□	(2) She (　　) the mean things that she said to her brother. 彼女は兄［弟］に意地悪を言ったことを後悔した。	ク (1103)
□	(3) The boss (　　) the plan. 上司はその計画を承認した。	ア (1117)
□	(4) My dog (　　) my finger and it was very painful. 私の犬が私の指をかんでとても痛かった。	キ (1121)
□	(5) The weather (　　) for tomorrow is sunny. 明日の天気予報は晴れだ。	イ (1126)
□	(6) He is suffering from (　　) pains. 彼は胸の痛みに苦しんでいる。	オ (1139)
□	(7) The latest (　　) of the cleaning robot will be launched soon. その掃除ロボットの最新型がもうすぐ売り出される。	カ (1149)
□	(8) He is one of the greatest detectives in (　　). 彼は架空の物語における最も偉大な探偵の１人だ。	エ (1152)

ア approved　**イ** forecast　**ウ** directed　**エ** fiction
オ chest　**カ** version　**キ** bit　**ク** regretted

2 次の各文の（　　）に適する語句を**ア～エ**から選びなさい。

□ (1) Some countries (　　) a tax on sugar.
砂糖に税金を課す国もある。
ア yell　イ land　ウ impose　エ bury
ウ (1113)

□ (2) I like to read magazines at a café in my (　　) time.
私は余暇にカフェで雑誌を読むのが好きだ。
ア entire　イ spare　ウ royal　エ delicate
イ (1169)

□ (3) I noticed I'd left my smartphone in my office (　　) back home.
帰宅途中で会社にスマートフォンを置き忘れたことに気づいた。
ア nearly　イ meanwhile　ウ shortly　エ halfway
エ (1197)

□ (4) About one-third of my co-workers (　　) by train.
私の同僚の約３分の１が電車で通勤している。
ア trace　イ confess　ウ commute　エ burst
ウ (1106)

□ (5) She received a (　　) from the university.
彼女は大学から奨学金を受けた。
ア scholarship　イ title　ウ counter　エ fault
ア (1127)

□ (6) I accidentally broke a neighbor's window so I have to (　　) for the damage.
私は近所の窓を誤って割ってしまったのでその損傷の埋め合わせをしなければならない。
ア alter　イ compensate　ウ appeal　エ bleed
イ (1119)

□ (7) Without (　　), every student passed the test.
例外なく，全ての生徒が試験に合格した。
ア joy　イ rumor　ウ exception　エ faith
ウ (1130)

□ (8) You need to look at things (　　) when writing a review.
批評を書く際は物事を客観的に見る必要がある。
ア objectively　イ visually
ウ randomly　エ purely
ア (1198)

Section 13-1

見出し語番号 1201~1300

学習日　月　日

正解　/18問

1 次の語句の意味を**ア～エ**から選びなさい。

□ (1) instruct	**ア** に指示する **イ** を主演させる **ウ** を建設する **エ** を逮捕する	ア (1202)
□ (2) essential	**ア** 年1回の　**イ** 突然の **ウ** 繊細な　**エ** 必要不可欠な	エ (1283)
□ (3) burst	**ア** をやめる **イ** を含む **ウ** を破裂させる **エ** を上陸させる	ウ (1243)
□ (4) jungle	**ア** 神殿 **イ** 谷 **ウ** クリニック **エ** ジャングル	エ (1245)
□ (5) admire	**ア** を称賛する **イ** を増す **ウ** を交換する **エ** を取り除く	ア (1222)
□ (6) revolution	**ア** 基準　**イ** 革命 **ウ** 選択　**エ** 伝承	イ (1252)
□ (7) ship	**ア** を経営する **イ** を実現する **ウ** を添付する **エ** を送る	エ (1209)
□ (8) emperor	**ア** 仏教徒　**イ** 批評家 **ウ** 皇帝　**エ** 小説家	ウ (1247)

□ (9) origin	ア 本能　イ 経歴 ウ 愛情　エ 起源	エ(1262)
□ (10) phrase	ア 様式　イ 成句 ウ 欠如　エ 割合	イ(1257)
□ (11) confess	ア 申し込む イ 答える ウ 告白する エ 参照する	ウ(1213)
□ (12) delight	ア を喜ばせる イ を遅らせる ウ を減らす エ を推薦する	ア(1234)

2 次の語句と反対の意味を持つ語句を**ア〜カ**から選びなさい。

□ (1) ignore	⇔	(　　)	カ(1219)
□ (2) pause	⇔	(　　)	エ(1235)
□ (3) arrest	⇔	(　　)	オ(1205)
□ (4) intelligent	⇔	(　　)	ア(1291)
□ (5) superior	⇔	(　　)	ウ(1290)
□ (6) sudden	⇔	(　　)	イ(1287)

ア stupid　イ gradual　ウ inferior　エ continue
オ release　カ pay attention to

Section 13-2

見出し語番号 1201~1300

学習日　　月　　日

正解　　／22問

1 次の語句の意味をア～エから選びなさい。

	選択肢	解答
□ (1) differ	ア 干渉する　イ 違う ウ 逃げる　エ 叫ぶ	イ (1211)
□ (2) novelist	ア 小説家　イ 同室者 ウ 監視人　エ 政治家	ア (1246)
□ (3) trace	ア (義務や税)を課す イ (の跡)をたどる ウ を我慢する エ を相続する	イ (1231)
□ (4) technically	ア 率直に　イ 等しく ウ 驚くほど　エ 技術的に	エ (1296)
□ (5) escape	ア 崩壊する イ (花が)咲く ウ 逃げる エ (期限が)切れる	ウ (1203)
□ (6) path	ア 小道　イ 面 ウ 値段　エ 台本	ア (1255)
□ (7) seek	ア を成し遂げる イ をおびえさせる ウ をさがす エ を消費する	ウ (1224)
□ (8) jealous	ア 恋愛の　イ ねたんで ウ ばかげた　エ 乱暴な	イ (1285)
□ (9) mission	ア 喜び　イ 成果 ウ 使命　エ 奨励	ウ (1265)
□ (10) rescue	ア を覆う　イ を配達する ウ を急がせる　エ を救助する	エ (1218)

2 下線部の語句の意味を**ア**～**ウ**から選びなさい。

□	(1) **reflect** sunlight **ア** を避ける **イ** を活用する **ウ** を反射する	ウ (1238)
□	(2) a **unit** of measurement **ア** 単位 **イ** 方法 **ウ** 結果	ア (1253)
□	(3) **seal** an envelope **ア** を捨てる **イ** に封をする **ウ** の重さを量る	イ (1232)
□	(4) change **lanes** **ア** 主張 **イ** 運賃 **ウ** 車線	ウ (1258)
□	(5) **reject** an offer **ア** をよく考える **イ** を断る **ウ** に応じる	イ (1206)
□	(6) put on **makeup** **ア** 化粧 **イ** 努力 **ウ** 発明	ア (1256)
□	(7) **propose** a plan **ア** を管理する **イ** を発表する **ウ** を提案する	ウ (1237)
□	(8) do **housework** **ア** 家事 **イ** 宣伝 **ウ** 育児	ア (1254)
□	(9) **criticize** him for his bad decision **ア** を疑う **イ** を非難する **ウ** を審査する	イ (1226)
□	(10) **explore** an unknown island **ア** を探検する **イ** を偶然見つける **ウ** を保護する	ア (1215)
□	(11) **encounter** problems **ア** を引き起こす **イ** に直面する **ウ** を解決する	イ (1228)
□	(12) an **argument** with him over politics **ア** 会話 **イ** 意見の相違 **ウ** 論争	ウ (1275)

訳 (1) 日光を反射する (2) 測定単位 (3) 封筒に封をする (4) 車線を変更する (5) 申し出を断る (6) 化粧をする (7) 計画を提案する (8) 家事をする (9) 誤った判断をしたことで彼を非難する (10) 未知の島を探検する (11) 問題に直面する (12) 政治についての彼との論争

Section 13-3

見出し語番号 1201~1300

学習日　　月　　日

正解　　/20問

1 次の語句の意味を**ア**～**エ**から選びなさい。

□ (1) protest	**ア** (に)抗議する **イ** (を)放送する **ウ** (を)投資する **エ** (に)仕える	ア (1227)
□ (2) repairperson	**ア** 批評家　**イ** 製造業者 **ウ** 利用者　**エ** 修理工	エ (1249)
□ (3) divide	**ア** を拒絶する　**イ** を罰する **ウ** を分ける　**エ** を輸送する	ウ (1204)
□ (4) manual	**ア** 説明書　**イ** 計算 **ウ** 機能　**エ** 手術	ア (1263)
□ (5) obey	**ア** を悩ます **イ** を知らせる **ウ** (名声など)を得る **エ** (命令・規則など)に従う	エ (1240)
□ (6) accompany	**ア** を組み立てる **イ** に同行する **ウ** を和らげる **エ** に指示する	イ (1212)
□ (7) angle	**ア** 性別　**イ** 足首 **ウ** 角度　**エ** 層	ウ (1271)
□ (8) blow	**ア** をざっと見る **イ** を強調する **ウ** をこぼす **エ** を吹き飛ばす	エ (1239)
□ (9) hug	**ア** を畳む　**イ** を抱きしめる **ウ** を移す　**エ** を注ぐ	イ (1216)

2 下線部の語句の意味を答えなさい。

□ (1) **force** him to retire 退職を彼(に　　　)	に強いる(1223)
□ (2) a town **beside** the sea 海(　　　)町	のそばの(1300)
□ (3) cross the **border** into Canada (　　　)を越えカナダに入る	国境(1261)
□ (4) daily **necessities** 生活(　　　)	必需品(1282)
□ (5) be **punished** for being late 遅刻して(　　　)られる	罰せ(1207)
□ (6) a multinational **corporation** 多国籍(　　　)	企業(1274)
□ (7) a **nuclear** power plant (　　　)発電所	原子力(1289)
□ (8) Taking photographs is **forbidden**. 写真撮影は(　　　)れている。	禁止さ(1241)
□ (9) **translate** English into Japanese 英語を日本語に(　　　)	翻訳する(1217)
□ (10) be **injured** in a car accident 自動車事故で(　　　)	けがをする(1214)
□ (11) bears living in the **Arctic** (　　　)に生息するクマ	北極地方(1279)

Section 13-4

見出し語番号 1201~1300

学習日　　月　　日

正解　　/20問

1 音声を聞いて語句の意味を**ア〜エ**から選びなさい。
(音声が聞けない場合は語句を見て選びなさい)

ア ひどく悪い
イ 繊細な
ウ 典型的な
エ 安定した

□ (1)	delicate	イ (1288)
□ (2)	steady	エ (1292)
□ (3)	typical	ウ (1286)
□ (4)	awful	ア (1293)

2 音声を聞いて語句の意味を**ア〜ウ**から選びなさい。
(音声が聞けない場合は語句を見て選びなさい)

□ (1) **ア** を展示する　**イ** を称賛する　**ウ** を分類する	praise	イ (1230)
□ (2) **ア** 同程度に　**イ** どこかに　**ウ** 誠実に	equally	ア (1295)
□ (3) **ア** 生物学　**イ** 医学　**ウ** 心理学	psychology	ウ (1278)
□ (4) **ア** 仏教徒　**イ** 天皇　**ウ** 批評家	Buddhist	ア (1250)
□ (5) **ア** を放出する　**イ** を論証する　**ウ** を供給する	demonstrate	イ (1236)
□ (6) **ア** 脂肪　**イ** 細菌　**ウ** 足首	ankle	ウ (1244)
□ (7) **ア** 香味料　**イ** 酸素　**ウ** 二酸化炭素	oxygen	イ (1266)

□ (8) ア 態度　イ 角度　ウ 本能	attitude	ア (1260)

3 音声を聞いて（　　　）に適切なものを答えなさい。
（音声が聞けない場合は語句を見て答えなさい）

□ (1) （　　　）に暮らす	live in wealth 裕福 (1277)
□ (2) 大統領に会えて（　　　）である	have the honor to meet the President 光栄 (1281)
□ (3) （　　　）魚	raw fish 生 (1294)
□ (4) プレゼント（を　　　）	wrap a present を包装する (1221)
□ (5) （　　　）を無視する	ignore a warning 警告 (1251)
□ (6) （　　　）は成長産業である。	Electronics is a growth industry. エレクトロニクス産業 (1259)
□ (7) （　　　）に相談する	consult a lawyer 弁護士 (1264)
□ (8) （　　　）で報道される	be reported in the media マスメディア (1272)

Section 13-5

見出し語番号 1201~1300

学習日　　月　　日

正解　　/16問

1 次の各文の（　　）に適する語句を**ア**～**ク**から選びなさい。

□	(1) My son (　　) to be ill to avoid going to school. 私の息子は学校を休むために病気のふりをした。	イ (1208)
□	(2) He has finally (　　) his dream to become a professional soccer player. 彼はついにプロのサッカー選手になるという夢を実現させた。	カ (1242)
□	(3) She closely (　　) her mother in character. 彼女は母親に性格がよく似ていた。	エ (1233)
□	(4) The kids (　　) a fort with cardboard boxes. 子どもたちは段ボール箱で要塞を建設した。	ア (1201)
□	(5) The actor retired at the (　　) of his popularity. その俳優は人気の絶頂で引退した。	ク (1267)
□	(6) The round-trip (　　) is six dollars. 往復運賃は6ドルだ。	キ (1280)
□	(7) I gave my (　　) of the money to charity. 私はその金の取り分を慈善事業に寄付した。	ウ (1270)
□	(8) These dogs are (　　) for hunting. これらの犬たちは狩猟用に飼育されている。	オ (1229)

ア constructed　イ pretended　ウ portion　エ resembled
オ bred　カ fulfilled　キ fare　ク peak

2 次の各文の（　　）に適する語句を**ア**～**エ**から選びなさい。

□ **(1)** She increased her (　　) income by 10%. 彼女は年収を10%増やした。 **ア** annual　**イ** general　**ウ** former　**エ** historical	**ア** (1284)
□ **(2)** The magician (　　) the order of the cards without touching them. マジシャンはカードに触れることなくそれらの順番を逆にした。 **ア** obtained　**イ** reversed **ウ** accompanied　**エ** explored	**イ** (1220)
□ **(3)** A lot of children became (　　) of the war. たくさんの子どもたちがその戦争の犠牲者となった。 **ア** signals　**イ** tutors　**ウ** counters　**エ** victims	**エ** (1276)
□ **(4)** You shouldn't go there (　　) you've been invited. 招待されない限り，あなたはそこへ行くべきではない。 **ア** unless　**イ** while　**ウ** whether　**エ** wherever	**ア** (1299)
□ **(5)** They (　　) that the mission was successful. 彼らはその任務が成功したと結論を下した。 **ア** criticized　**イ** analyzed **ウ** concluded　**エ** arranged	**ウ** (1225)
□ **(6)** Luckily, no one was hurt in the (　　). 幸いにも，誰もその爆発で傷つかなかった。 **ア** powder　**イ** explosion **ウ** property　**エ** contribution	**イ** (1269)
□ **(7)** It's important to create an atmosphere where people can talk (　　) in meetings. 会議では率直に話せる雰囲気を作ることが大切だ。 **ア** terribly　**イ** steadily **ウ** effectively　**エ** frankly	**エ** (1298)
□ **(8)** The computer processed a large (　　) of data. コンピューターは大量のデータを処理した。 **ア** tail　**イ** length　**ウ** volume　**エ** tribe	**ウ** (1268)

単語編 でる度 C

英検形式にチャレンジ!

学習日　　月　　日

正解　　／16問

次の(1)から(16)までの(　　)に入れるのに最も適切なものを1, 2, 3, 4の中から一つ選びなさい。

□ (1) *A*: These cakes are so delicious, Mom! I'll have some more.

B: You should stop eating now. (　　), you'll get a stomachache.

1 Therefore　**2** Rather
3 Furthermore　**4** Otherwise

4 (1190)

□ (2) Luka has (　　) many things as a young pianist. He has passed all his music courses, played with an adult orchestra on TV, and written his own music.

1 quit　**2** suited
3 accomplished　**4** attended

3 (0907)

□ (3) Charlie (　　) eats fast food from restaurants because he prefers his father's delicious cooking.

1 frankly　**2** seldom
3 often　**4** particularly

2 (1297)

□ (4) Many people were delighted by the news that the company had successfully (　　) a rocket.

1 launched　**2** disturbed
3 committed　**4** estimated

1 (1003)

☐ (5) Employees have been complaining about the old air conditioners in the office, so the company decided to (　　) new ones next week. 2 (0925)

1 achieve　**2** install　**3** destroy　**4** breed

☐ (6) There was a terrible car accident, and the driver was arrested. As the driver was a famous actor, his (　　) has attracted a lot of public attention. 1 (1023)

1 trial　**2** substance
3 assignment　**4** sample

☐ (7) *A*: I like your car, Jin. 1 (1108)
B: Thanks. I (　　) it from my grandfather. He loved driving this around the countryside.

1 inherited　**2** found
3 split　**4** sold

☐ (8) *A*: Honey, I'm worried about our family vacation. We should not spend too much. 1 (0934)
B: I agree. We must stay within our (　　).

1 budget　**2** deadline
3 schedule　**4** groceries

☐ (9) Fred likes to spend his night at home watching TV. He rarely goes out with friends because he does not want to (　　) his time for others. 4 (1109)

1 switch　**2** spread
3 separate　**4** sacrifice

☐ (10) The usual ( ) for regular airplanes is around 36,000 feet because it is the best height for saving fuel. 3 (1132)

1 distance **2** fee **3** altitude **4** climate

☐ (11) Mr. Baxter is a very popular teacher. He uses a lot of different games and activities to ( ) his students' interest in the lessons. 3 (1210)

1 impose **2** confuse
3 stimulate **4** reject

☐ (12) After Ms. Manuel explained the ( ) for solving the math problem, Steve was able to understand clearly. 3 (0954)

1 instrument **2** exchange
3 procedure **4** ancestor

☐ (13) Even though ( ) always gave the band bad reviews, the fans loved their albums, and every concert was always sold out. 1 (1248)

1 critics **2** victims **3** agents **4** patients

☐ (14) The mountain gorilla is a rare animal these days. It is said that it might become ( ) in the next 30 years. 4 (1063)

1 relevant **2** academic
3 organic **4** extinct

☐ (15) Ms. Brown owns two houses and a lot of jewelry. She has only one son, so all her ( ) will be given to him someday. 1 (1273)

1 property **2** contract
3 surface **4** fund

□ (16) Takashi went on a business trip and stayed at a hotel last night. The room faced a busy street, so it was noisy (　　　) the night.

1 above　　**2** throughout
3 under　　**4** toward

2 (1099)

訳

(1) A：これらのケーキはとてもおいしいね，ママ！　もう少し食べるよ。
B：もう食べるのをやめた方がいいわ。そうでないと，お腹が痛くなるわよ。

(2) ルカは若手ピアニストとして多くのことを成し遂げた。彼は音楽の科目の単位は全て取得し，テレビで大人のオーケストラと一緒に演奏し，自分で作曲をした。

(3) チャーリーはレストランのファストフードをめったに食べない。なぜなら，彼は父親のおいしい料理の方が好きだからだ。

(4) その会社が無事にロケットを打ち上げたというニュースに多くの人が喜んだ。

(5) 従業員たちがオフィスの古いエアコンに対して不満を訴えていたので，会社は来週，新しいものを設置することにした。

(6) ひどい車の事故があり，運転手が逮捕された。その運転手は有名な俳優だったので，彼の裁判は多くの公衆の注目を集めている。

(7) A：あなたの車が好きだよ，ジン。
B：ありがとう。祖父からそれを継いだんだ。彼はこれで田舎を運転して回るのが大好きだった。

(8) A：ねえ，私たちの家族休暇について心配しているの。お金を使い過ぎちゃいけないわ。
B：そうだね。僕たちの予算内に収めなければならないね。

(9) フレッドは，夜は家でテレビを見て過ごすのが好きだ。彼は他人のために自分の時間を犠牲にしたくないので，友だちとはめったに出かけない。

(10) 標準的な飛行機の通常の高度は約3万6千フィートだ。なぜなら，それが燃料の節約に最適な高さだからである。

(11) バクスター先生は人気の先生だ。彼は授業で生徒たちの関心を刺激するために，さまざまなゲームや活動を使う。

(12) マヌエル先生がその数学の問題を解く手順を説明した後，スティーブははっきりと理解できた。

(13) 批評家がいつもそのバンドに悪い評価をしても，ファンは彼らのアルバムを愛し，全てのコンサートがいつも売り切れた。

(14) マウンテンゴリラは最近珍しい動物である。次の30年でそれは絶滅するかもしれないと言われている。

(15) ブラウンさんは家を2軒とたくさんの宝石を所有している。彼女には息子1人しかいないため，彼女のすべての財産はいつか彼に与えられるだろう。

(16) タカシは出張に行き，昨晩ホテルに泊まった。部屋は交通量の多い通りに面していたので，一晩中ずっとうるさかった。

熟語編

よくでる重要熟語 ● 200

Section 14-1

見出し語番号 1301~1400

学習日　　月　　日

正解　　／18問

1 次の語句の意味を**ア～ウ**から選びなさい。

□ (1) in the end	**ア** ある程度まで **イ** 最後に(は) **ウ** 概して	イ (1376)
□ (2) break down	**ア** 故障する **イ** 立ち寄る **ウ** 道に迷う	ア (1370)
□ (3) end up *doing*	**ア** ～しがちである **イ** ～するのを慎む **ウ** 最後には～することになる	ウ (1373)
□ (4) instead of ～	**ア** ～に関して **イ** ～にもかかわらず **ウ** ～の代わりに	ウ (1310)
□ (5) play an important role in ～	**ア** ～で重要な役割を果たす **イ** ～の責任がある **ウ** ～につながる	ア (1360)
□ (6) make sure that ...	**ア** …は全く不思議ではない **イ** …であることを確実にする **ウ** 今はもう…だから	イ (1347)
□ (7) ～ as well	**ア** ～もまた **イ** ～にすぎない **ウ** ～の真ん中に	ア (1317)
□ (8) hand in ～	**ア** ～を要約する **イ** ～を合計する **ウ** ～を提出する	ウ (1325)

□ (9) suffer from ～	ア ～に苦しむ イ ～に迷惑をかける ウ ～を片付ける	ア (1306)
□ (10) so *A* that *B*	ア AだけでなくBも イ とてもAなのでB ウ AがBできるように	イ (1315)
□ (11) check in	ア 返事をする イ (空港で)搭乗手続きをする ウ (寝ないで)起きている	イ (1397)
□ (12) ask (*A*) for *B*	ア (Aに)Bを求める イ (Aを)Bに伝える ウ (Aを)Bと比べる	ア (1308)

2 次の語句と似た意味になるように(　　　)に適する語句を**ア～カ**から選びなさい。

□ (1) take part in ～	≒	(　　　) in ～	カ (1330)
□ (2) look up to ～	≒	(　　　)	エ (1378)
□ (3) carry out ～	≒	(　　　) ～ into practice	オ (1354)
□ (4) come across ～	≒	(　　　) on ～	ア (1398)
□ (5) get used to ～	≒	(　　　) to ～	ウ (1355)
□ (6) consist of ～	≒	(　　　) up of ～	イ (1399)

ア happen　イ be made　ウ become accustomed　エ respect
オ put　カ participate

Section 14-2

見出し語番号 1301~1400

学習日	月	日
正解		/18問

1 次の語句の意味を**ア～ウ**から選びなさい。

□ (1) **work on ～**	**ア** ～の効果を試す **イ** ～に取り組む **ウ** ～がわかる	**イ** (1305)
□ (2) ***A* rather than *B***	**ア** BよりむしろA **イ** BだけでなくAもまた **ウ** とてもAなのでB	**ア** (1332)
□ (3) **by the end of ～**	**ア** ～の理由で **イ** ～の終わりまでに **ウ** ～の代わりに	**イ** (1371)
□ (4) **a number of ～**	**ア** いくらかの～ **イ** 1房の～ **ウ** ～を代表して	**ア** (1303)
□ (5) **be aware of ～**	**ア** ～に気づいている **イ** ～に直面して **ウ** ～に典型的な	**ア** (1351)
□ (6) **too *A* to *do***	**ア** ～するほど十分Aな **イ** Aが～できる **ウ** あまりにAなので～できない	**ウ** (1316)
□ (7) **no longer ～**	**ア** ～にすぎない **イ** もはや～でない **ウ** ～はどうかと言えば	**イ** (1338)
□ (8) **as if ...**	**ア** もし…なら **イ** …するときまでに(は) **ウ** まるで…のように	**ウ** (1388)
□ (9) **throw away ～**	**ア** ～を延期する **イ** ～を捨てる **ウ** ～を終わらせる	**イ** (1363)

2 下線部の語句の意味を**ア～ウ**から選びなさい。

		答
□	(1) **as** soon **as possible** **ア** できるだけ　**イ** 並外れて　**ウ** わずかに	ア (1342)
□	(2) **take notes** effectively **ア** 運動する　**イ** 調査する　**ウ** メモを取る	ウ (1383)
□	(3) **a variety of** clothes **ア** さまざまな　**イ** 高級な　**ウ** 予備の	ア (1327)
□	(4) **get rid of** garbage **ア** を集める　**イ** を取り除く　**ウ** を分類する	イ (1345)
□	(5) **result in** failure **ア** に打ち勝つ　**イ** を公表する　**ウ** に終わる	ウ (1362)
□	(6) **according to** the researchers **ア** に加えて　**イ** のために　**ウ** によれば	ウ (1301)
□	(7) **set up** a huge stage **ア** を設置する　**イ** を観察する　**ウ** に近寄らない	ア (1311)
□	(8) **apply for** this job **ア** を引き継ぐ　**イ** に申し込む　**ウ** を利用する	イ (1387)
□	(9) **lead to** crimes **ア** に直面する　**イ** を防ぐ　**ウ** につながる	ウ (1304)

訳　(1) できるだけ早く　(2) 効果的にメモを取る　(3) さまざまな衣類　(4) ゴミを取り除く　(5) 失敗に終わる　(6) 研究者たちによれば　(7) 巨大なステージを設置する　(8) この仕事に申し込む　(9) 犯罪につながる

Section 14-3

見出し語番号 1301~1400

学習日　　月　　日

正解　　/20問

1 次の語句の意味を**ア～ウ**から選びなさい。

□ (1) for a while	**ア** はるばる **イ** しばらくの間 **ウ** 結局(は)	イ (1375)
□ (2) be related to ~	**ア** ~に関連している **イ** ~に特有の **ウ** ~になりやすい	ア (1353)
□ (3) prefer *A* to *B*	**ア** AをBに変える **イ** AにBを求める **ウ** BよりAの方を好む	ウ (1361)
□ (4) be made (out) of ~	**ア** ~でできている **イ** ~に精通している **ウ** ~を知っている	ア (1391)
□ (5) *A* as well as *B*	**ア** とてもAなのでB **イ** BだけでなくAもまた **ウ** BよりむしろA	イ (1341)
□ (6) help (*A*) (to) *do*	**ア** (Aが)~するのを禁止する **イ** (Aが)~するのを手伝う **ウ** (Aを)~するように説得する	イ (1346)
□ (7) become accustomed to ~	**ア** ~で構成されている **イ** ~に偶然出会う **ウ** ~に慣れる	ウ (1392)
□ (8) depend on ~	**ア** ~を尊敬する **イ** ~次第である **ウ** ~を収入源として生活する	イ (1344)

2 下線部の語句の意味を答えなさい。

□ (1) **provide** students **with** lunch 学生に昼食(　　)	を提供する(1321)
□ (2) **bring in** their smartphones 彼らのスマートフォン(　　)	を持ち込む(1394)
□ (3) **at least** 30 minutes (　　)30分	少なくとも(1322)
□ (4) **not** his hobby **but** his job 彼の趣味(　　)彼の仕事	ではなく(1379)
□ (5) **find a way to** make a better society より良い社会を作る(　　)	方法を見つける(1374)
□ (6) **have a look at** your report あなたのレポート(　　)	を見る(1356)
□ (7) **cut down on** expenses 出費(　　)	を減らす(1372)
□ (8) **stop by** my old friend's place 私の旧友の家(　　)	に立ち寄る(1382)
□ (9) **happen to** see a picture of him (　　)彼の写真を目にする	偶然(1336)
□ (10) **come up with** a good idea 良いアイデア(　　)	を思いつく(1312)
□ (11) **manage to** get a concert ticket (　　)コンサートのチケットを手に入れる	何とかして(1359)
□ (12) Make sure that the tools are **in place**. 必ず道具は(　　)置くようにしなさい。	あるべき場所に(1357)

Section 14-4

見出し語番号 1301~1400

学習日　　月　　日

正解　　／20問

1 音声を聞いて語句の意味を**ア～エ**から選びなさい。
（音声が聞けない場合は語句を見て選びなさい）

ア ～と似ている
イ ～に参加している
ウ ～に基づいている
エ ～を心配している

□ (1)	be involved in ～	イ (1369)
□ (2)	be concerned about ～	エ (1352)
□ (3)	be based on ～	ウ (1328)
□ (4)	be similar to ～	ア (1333)

2 音声を聞いて語句の意味を**ア～ウ**から選びなさい。
（音声が聞けない場合は語句を見て選びなさい）

□ (1) **ア** それ以来 **イ** これまでは **ウ** 今後は	so far	イ (1340)
□ (2) **ア** 厳密に言えば **イ** とりわけ **ウ** 他方では	on the other hand	ウ (1326)
□ (3) **ア** 逆さまに **イ** まもなく **ウ** 時代遅れで	before long	イ (1393)
□ (4) **ア** 順番に　**イ** 故障して **ウ** 偶然に	by accident	ウ (1395)
□ (5) **ア** Aが～するのに役立つ **イ** Aが～するのを防ぐ **ウ** Aが～するのを許す	prevent *A* from *doing*	イ (1339)

□ (6) ア 多くの～ イ ～に賛成して ウ 2，3の～	a couple of ～	ウ(1366)
□ (7) ア 前もって イ 一度に ウ 無駄に	at a time	イ(1389)
□ (8) ア …する限りは イ 何を…しても ウ たとえ…だとしても	as long as ...	ア(1367)
□ (9) ア 目立つ イ 行われる ウ 現れる	take place	イ(1384)

3 音声を聞いて（　　　）に適切なものを答えなさい。
（音声が聞けない場合は語句を見て答えなさい）

□ (1) 古い建物をアートギャラリー（　　）	turn the old building into an art gallery に変える(1364)
□ (2) 彼らの署名（　　）	along with their signatures と一緒に(1350)
□ (3) 彼女を現実に（　　）	bring her back to reality 引き戻す(1334)
□ (4) チケットは全て（　　）ている。	All the tickets are sold out. 売り切れ(1381)
□ (5) 彼のアイデアを広める（　　）	in order to spread his idea ために(1302)
□ (6) 私のスマートフォン（　　）	turn on my smartphone の電源を入れる(1365)
□ (7) 君（　　）だ。	It's up to you. 次第(1331)

Section 14-5

見出し語番号 1301~1400

学習日　　月　　日

正解　　/16問

1 次の各文の（　　）に適する語句を**ア～ク**から選びなさい。

□	(1) We need to (　　) the cause of the accident. 私たちはその事故の原因を知る必要がある。	イ (1307)
□	(2) I wasn't doing anything (　　) yesterday. 私は昨日は特に何もしていなかった。	カ (1313)
□	(3) We have to (　　) the problem immediately. 私たちは直ちにその問題を処理しなければならない。	エ (1318)
□	(4) Foreign people are surprised that trains in Japan always arrive (　　). 外国人は日本の電車がいつも時間通りに到着することに驚く。	ア (1320)
□	(5) Animals that (　　) at night are called nocturnal animals. 夜に外に出る動物は夜行性動物と呼ばれる。	ク (1323)
□	(6) You need to (　　) this form and send it back to me. あなたはこの用紙に記入して，私に返送する必要がある。	キ (1329)
□	(7) I might have put in sugar instead of salt (　　). 私は誤って塩の代わりに砂糖を入れたかもしれない。	ウ (1343)
□	(8) I had to stand on the train (　　) to the last station. 私は最後の駅までずっと電車の中で立っていなければならなかった。	オ (1386)

ア on time　イ find out　ウ by mistake　エ deal with
オ all the way　カ in particular　キ fill out　ク come out

2 次の各文の（　　）に適する語句をア～エから選びなさい。

□	**(1)** I (　　) leave home when the phone rang. 電話が鳴ったとき，私は家を出ようとしていた。 ア was about to　イ managed to ウ found a way to　エ tended to	ア (1390)
□	**(2)** My grandmother (　　) at the station. 祖母が駅に私を迎えに来た。 ア let me down　イ picked me up ウ got along with me　エ called on me	イ (1314)
□	**(3)** She enlarged the picture (　　) people can see it well. 彼女は人々にその写真がよく見えるように，それを拡大した。 ア just in case　イ by the time ウ as if　エ so that	エ (1348)
□	**(4)** The teachers try to (　　) read more books. 先生たちは子どもにもっと多くの本を読むよう促す努力をしている。 ア encourage children to　イ force children to ウ enable children to　エ cause children to	ア (1324)
□	**(5)** The shirts (　　) 100% cotton. そのシャツは100%綿から作られている。 ア are aware of　イ are independent of ウ are made from　エ are free from	ウ (1319)
□	**(6)** Fast food is tasty and cheap (　　) many people. ファストフードは多くの人々を引き付けるほど十分おいしくて安い。 ア in order to attract　イ enough to attract ウ for fear of attracting　エ by means of attracting	イ (1349)
□	**(7)** I decided not to go to the event (　　). 結局私はイベントへ行かないことに決めた。 ア for sure　イ before long ウ in time　エ after all	エ (1385)
□	**(8)** I can't (　　) what he is trying to say. 私は彼が何を言おうとしているのかを理解できない。 ア turn on　イ consist of　ウ figure out　エ refer to	ウ (1335)

Section 15-1

見出し語番号 1401~1500

学習日　　月　　日

正解　　／16問

1 次の語句の意味を**ア～ウ**から選びなさい。

□ (1) give *A* a hand	**ア** Aのおごりである **イ** Aを手助けする **ウ** Aを失望させる	イ (1406)
□ (2) make a mistake	**ア** 身を固める **イ** 間違いを犯す **ウ** すり減る	イ (1419)
□ (3) be responsible for ～	**ア** ～を心配している **イ** ～と同等である **ウ** ～の責任がある	ウ (1442)
□ (4) even if …	**ア** もし…なら **イ** たとえ…だとしても **ウ** …かどうか	イ (1457)
□ (5) except for ～	**ア** ～を除いては **イ** 総計で～に達する **ウ** 決して～でない	ア (1401)
□ (6) come to *do*	**ア** ～することになっている **イ** 偶然～する **ウ** ～するようになる	ウ (1450)
□ (7) for lack of ～	**ア** ～をさがして **イ** ～の不足のために **ウ** ～の最中に	イ (1461)
□ (8) out of stock	**ア** 要求があり次第 **イ** 発展して **ウ** 在庫切れの	ウ (1421)
□ (9) in terms of ～	**ア** ～の観点から **イ** ～とは対照的に **ウ** ～に賛成して	ア (1473)

□ (10) not only *A* but (also) *B*	ア BよりむしろA イ AだけでなくBも ウ AではなくB	イ (1485)
□ (11) on purpose	ア 前もって イ 間違いなく ウ わざと	ウ (1488)
□ (12) get over ～	ア ～に追いつく イ ～から立ち直る ウ ～を指し示す	イ (1465)
□ (13) in general	ア 一般に イ 流行して ウ 実際には	ア (1470)

2 次の語句と似た意味になるように (　　　) に適する語句を**ア～ウ**から選びなさい。

□ (1) turn in ～	≒	(　　　) in ～	ウ (1432)
□ (2) count on ～	≒	(　　　) on ～	ア (1453)
□ (3) turn out to be ～	≒	(　　　) to be ～	イ (1499)

ア rely　イ prove　ウ hand

Section 15-2

見出し語番号 1401~1500

学習日　月　日

正解　／20問

1 次の語句の意味を**ア**～**ウ**から選びなさい。

問題	選択肢	解答
□ (1) in spite of ～	**ア** ～と比べると **イ** ～に関して **ウ** ～にもかかわらず	ウ (1472)
□ (2) in charge of ～	**ア** ～を管理して **イ** ～に賛成して **ウ** ～の代わりに	ア (1413)
□ (3) get along with ～	**ア** ～を心に留める **イ** ～とうまくやっていく **ウ** ～を詳しく調べる	イ (1464)
□ (4) exchange *A* for *B*	**ア** AにBを提供する **イ** AをBに伝える **ウ** AをBと交換する	ウ (1402)
□ (5) be concerned with ～	**ア** ～の罪を犯している **イ** ～に関心がある **ウ** ～にふさわしい	イ (1441)
□ (6) compare *A* with *B*	**ア** AをBと比べる **イ** BよりAの方を好む **ウ** AをBのことで非難する	ア (1451)
□ (7) make up for ～	**ア** ～を延期する **イ** ～を我慢する **ウ** ～の埋め合わせをする	ウ (1482)
□ (8) pay attention to ～	**ア** ～につけ込む **イ** ～に注意を払う **ウ** ～を合計する	イ (1422)
□ (9) on board	**ア** 事実上 **イ** 順序正しく **ウ** (乗り物に) 乗って	ウ (1486)

□ (10) **for sure**	ア 確かに　イ 無料で ウ 今後は	ア (1462)

2 下線部の語句の意味を**ア〜ウ**から選びなさい。

□ (1) **stare at** the cat ア に夢中になる　イ をじっと見る　ウ を見せびらかす	イ (1498)
□ (2) **leave** his wallet **behind** ア を置き忘れる　イ を脇に置いておく　ウ を片付ける	ア (1479)
□ (3) **concentrate on** your studies ア を評価する　イ の準備をする　ウ に集中する	ウ (1452)
□ (4) complain about him **behind** his **back** ア じかに　イ 陰で　ウ 公然と	イ (1445)
□ (5) **run into** my old friend ア に偶然出会う　イ と接触を保つ　ウ と会う約束をする	ア (1495)
□ (6) **give in to** her father's request ア を達成する　イ に屈する　ウ を伝える	イ (1407)
□ (7) **take** his kindness **for granted** ア を感謝する　イ を期待する　ウ を当然のことと考える	ウ (1430)
□ (8) **run out of** paper ア を使い果たす　イ をひっくり返す　ウ を捨てる	ア (1426)
□ (9) **feel like** playing soccer ア する予定である　イ したい気がする ウ することに気が進まない	イ (1403)
□ (10) **in response to** demand from abroad ア に加えて　イ を代表して　ウ に応えて	ウ (1415)

訳 (1) ネコをじっと見る　(2) 彼の財布を置き忘れる　(3) あなたの勉強に集中する　(4) 陰で彼に関する不満を言う　(5) 私の旧友に偶然出会う　(6) 彼女の父親の要求に屈する　(7) 彼の優しさを当然のことと考える　(8) 紙を使い果たす　(9) サッカーをプレーしたい気がする　(10) 海外からの要求に応えて

Section 15-3

見出し語番号 1401~1500

学習日　月　日

正解　／20問

1 次の語句の意味を**ア〜ウ**から選びなさい。

□ (1) in time (for ～)	**ア** (～を) 次々と **イ** (～に) 間に合うように **ウ** (～の) お返しに	イ (1474)
□ (2) ～, and so on	**ア** ～の代わりに **イ** (そして) ～など **ウ** ～と一緒に	イ (1438)
□ (3) in fashion	**ア** 無料で **イ** 適切で **ウ** 流行して	ウ (1469)
□ (4) let *A* down	**ア** Aを失望させる **イ** Aを放っておく **ウ** Aと婚約している	ア (1480)
□ (5) in other words	**ア** 実際には **イ** 言い換えれば **ウ** 他方では	イ (1414)
□ (6) put together ～	**ア** ～を共有する **イ** (考え) をまとめ上げる **ウ** (話題など) を扱う	イ (1494)
□ (7) rely on *A* for *B*	**ア** BよりAの方を好む **イ** AをBに伝える **ウ** Bを求めてAを頼る	ウ (1425)
□ (8) stand for ～	**ア** ～を我慢する **イ** ～を実行する **ウ** ～を決める	ア (1497)
□ (9) no matter what …	**ア** …に備えて **イ** …するときまでには **ウ** 何を…しても	ウ (1484)

2 下線部の語句の意味を答えなさい。

☐ (1) have <u>plenty of</u> opportunities (　　　)機会がある	多くの(1493)
☐ (2) <u>meet</u> our customers' <u>needs</u> われわれの顧客(　　　)	のニーズを満たす(1483)
☐ (3) <u>keep up with</u> the latest technology 最新の技術(　　　)	に遅れないでついていく(1478)
☐ (4) be <u>in danger of</u> extinction 絶滅(　　　)いる	の危機にさらされて(1467)
☐ (5) <u>find</u> my <u>way to</u> the station 駅(　　　)	にたどり着く(1459)
☐ (6) The trains are running <u>on schedule</u>. 列車は(　　　)運行している。	予定通りに(1489)
☐ (7) <u>allow</u> students <u>to</u> commute by bike 生徒が自転車で通学する(　　　)	ことを許可する(1437)
☐ (8) 30 minutes <u>ahead of</u> schedule 予定より30分(　　　)	早く(1436)
☐ (9) <u>persuade</u> him <u>to</u> give up 彼をあきらめる(　　　)	ように説得する(1423)
☐ (10) That hat <u>goes with</u> your shirt. あの帽子は君のシャツ(　　　)。	と合う(1409)
☐ (11) <u>for fear of</u> heights 高さ(　　　)	を恐れて(1404)

Section 15-4

見出し語番号 1401~1500

学習日　月　日

正解　/20問

1 音声を聞いて語句の意味を**ア～エ**から選びなさい。
（音声が聞けない場合は語句を見て選びなさい）

ア ～を持ち去る
イ ～に追いつく
ウ ～を廃止する
エ ～を指摘する

□ (1)	do away with ～	ウ (1455)
□ (2)	point out ～	エ (1424)
□ (3)	catch up with ～	イ (1448)
□ (4)	take away ～	ア (1429)

2 音声を聞いて語句の意味を**ア～ウ**から選びなさい。
（音声が聞けない場合は語句を見て選びなさい）

□ (1)	ア その結果　イ そもそも　ウ 実は	in reality	ウ (1471)
□ (2)	ア 長い間　イ 徐々に　ウ 永久に	for long	ア (1405)
□ (3)	ア 勤務中で　イ 概して　ウ 無作為に	on (the) average	イ (1490)
□ (4)	ア 今後は　イ 時々　ウ その間に	from now on	ア (1463)
□ (5)	ア 隠れる　イ 死滅する　ウ 投票する	die out	イ (1454)
□ (6)	ア 在庫切れの　イ 使われて　ウ 無駄に	in vain	ウ (1475)

□ (7) ア 独立して　イ それ以来　ウ 絶えず	ever since	イ (1458)
□ (8) ア 立ち寄る　イ 墜落する　ウ 引退する	drop in	ア (1456)
□ (9) ア 成功する　イ 給料が良い　ウ 道理にかなう	pay well	イ (1492)

3 音声を聞いて(　　　)に適切なものを答えなさい。
(音声が聞けない場合は語句を見て答えなさい)

□ (1) 自動販売機が(　　　)いる。	The vending machine is out of order. 故障して (1491)
□ (2) (　　　)彼女にささやかな贈り物をする	give her a small gift in return お返しに (1416)
□ (3) ダンスレッスン(　　　)	sign up for a dance lesson に申し込む (1427)
□ (4) 彼らのサービス(　　　)	be satisfied with their service に満足している (1444)
□ (5) 2週間(　　　)	two weeks in advance 前に (1466)
□ (6) 説明書(　　　)	look through the manual にざっと目を通す (1481)
□ (7) 定期的に(　　　)	work out regularly 運動する (1500)

Section 15-5

見出し語番号 1401~1500

学習日　　月　　日

正解　　/16問

1 次の各文の（　　）に適する語句をア～クから選びなさい。

		答
□	(1) The company lowered the price of their products. This, (　　), generated huge sales. その会社は製品の値段を下げた。これが，その結果，ばく大な売り上げを生み出した。	ウ (1418)
□	(2) The items we would like to order are (　　). 私たちが注文したい品は次の通りだ。	ア (1439)
□	(3) She always gives me good advice when I'm (　　). 私が困っているとき，彼女はいつも私に良い助言をしてくれる。	エ (1417)
□	(4) She is out (　　). 彼女は今，外出中だ。	カ (1440)
□	(5) There were only two security guards (　　) on the day of the bank robbery. 銀行強盗事件の日に勤務中の警備員は2人だけだった。	ク (1487)
□	(6) People (　　) use a lot of water without thinking. 人々はよく考えずに多くの水を使いがちである。	キ (1431)
□	(7) I (　　) stay home and relax. 私はむしろ家にいてのんびりしたい。	イ (1433)
□	(8) I think we (　　) ask an expert for advice first. 私たちはまず専門家に助言を求めた方がいいと思う。	オ (1410)

ア as follows　イ would rather　ウ in turn　エ in trouble
オ had better　カ at the moment　キ tend to　ク on duty

2 次の各文の (　　) に適する語句をア～エから選びなさい。

□ (1)	She is (　　) the fastest runner in our class. 彼女は私たちのクラスで走るのがずば抜けて速い。 ア at the most　イ by far ウ at times　エ by no means	イ (1446)
□ (2)	I can't trust my brother at all. He never (　　). 私は兄 [弟] を全く信用できない。彼は決して約束を守らない。 ア keeps his word　イ loses his way ウ meets his needs　エ shows his emotions	ア (1477)
□ (3)	(　　) being intelligent, he is a good athlete. 彼は頭が良いのに加えて，優れたスポーツマンである。 ア In the middle of　イ In response to ウ In charge of　エ In addition to	エ (1412)
□ (4)	The store sells (　　) goods. その店はさまざまな商品を販売している。 ア on top of　イ a wide range of ウ in search of　エ a couple of	イ (1435)
□ (5)	He repaired my glasses (　　). 彼は私の眼鏡を無料で修理した。 ア in the long run　イ in a row ウ for free　エ for a while	ウ (1460)
□ (6)	She (　　) and canceled the appointment. 彼女は気が変わって，約束を取り消した。 ア made her way　イ changed her mind ウ took her place　エ found her way	イ (1449)
□ (7)	This (　　) the tallest tower in the world. これは世界で一番高い塔だと言われている。 ア is subject to be　イ is obliged to be ウ is said to be　エ is likely to be	ウ (1443)
□ (8)	I'll take an umbrella with me (　　) it rains. 雨が降るといけないから私は傘を持っていこうと思う。 ア as though　イ no matter what ウ as long as　エ just in case	エ (1476)

熟語編 でる度 A

英検形式にチャレンジ！

学習日　　月　　日

正解　　／16問

次の(1)から(16)までの(　　)に入れるのに最も適切なものを**1**，**2**，**3**，**4**の中から一つ選びなさい。

☐ (1) Research done by the biggest search engine has shown that people (　　) information online about three or four times a day on average.

1 look up　　**2** bring back
3 lead to　　**4** work on

1 (1377)

☐ (2) The President has to stay and take care of important matters at home, but his wife will be attending the ceremony (　　) him and the country.

1 in return for　　**2** on top of
3 in time for　　**4** on behalf of

4 (1420)

☐ (3) Yumi is studying in a university in the U.S. and has made friends from many different countries. Now she can speak a little Spanish and Chinese, and (　　) English.

1 even less　　**2** much more
3 even so　　**4** no more than

2 (1337)

☐ (4) Ian is a skilled engineer who designs complex machines. Recently, he has made a robot that is (　　) doing some medical examinations like a human doctor.

1 guilty of　　**2** capable of
3 in the middle of　　**4** in danger of

2 (1368)

□ (5) Ms. Kim is moving to Italy next year for work, so she has been taking Italian classes every day. She must use Italian in her job, so she will (　　) studying, even if it gets difficult.

1 turn in　　**2** give up
3 stick to　　**4** throw away

3 (1428)

□ (6) Most of the employees at the factory were disappointed at the president's speech. He only (　　) the sales department when talking about the success of the project.

1 turned on　　**2** figured out
3 referred to　　**4** stopped by

3 (1380)

□ (7) *A*: Alex, I didn't see you at the meeting this morning.
B: Sorry, Helen. That was (　　) a major accident between a truck and a sports car. The traffic on the highway was terrible.

1 due to　　**2** based on
3 instead of　　**4** ever since

1 (1400)

□ (8) A fire began in the elementary school on Saturday night. No one was hurt, but (　　) firefighters arrived, three classrooms had already burned down.

1 just in case　　**2** as if
3 as long as　　**4** by the time

4 (1396)

☐ (9) The manager did not have time to (　　) the details of the new project during the meeting, so she scheduled an additional session for next week. 2 (1408)

1 fill out　　**2** go into
3 stand for　　**4** major in

☐ (10) *A*: Did the training for your new job go well, Anna? 1 (1309)
B: Yes. On the last day, we had an amazing meal at a very expensive French restaurant, but luckily everything (　　) the company.

1 was on　　**2** resulted in
3 pointed out　　**4** amounted to

☐ (11) These days, direct economy plane tickets are extremely expensive. Passengers are choosing to travel (　　) of one or even two other countries to get the cheapest flights to their destinations. 3 (1447)

1 consisting　　**2** ahead
3 by way　　**4** for lack

☐ (12) Jane has her own web development company. Many businesses are now online and need good websites, so Jane is always in (　　) and needs to hire more staff because of all the extra work. 1 (1468)

1 demand　　**2** advance
3 vain　　**4** reality

☐ (13) Ben is saving money to buy his first car. He has stopped going to restaurants, only buys discount food and used clothes, and is (　　　) just $10 per day. **3** (1358)

1 getting over　　**2** setting up
3 living on　　**4** running into

☐ (14) Many students were not happy with the school's new policy, so Mike (　　　) against school's decision on behalf of the students. **2** (1496)

1 came across　　**2** spoke out
3 sat back　　**4** turned over

☐ (15) *A*: Danny, stop playing video games and study. If you (　　　) fail the exam tomorrow, you'd have to wait another year before you could take it again. **3** (1411)
B: Don't worry, Mom. I'm sure I'll pass it easily.

1 had better　　**2** led to
3 were to　　**4** would rather

☐ (16) *A*: Did you go to the Halloween party on Saturday, Billie? **2** (1434)
B: Yeah. There were a (　　　) of people I didn't know there, so I didn't have anyone to talk to. I only stayed for 30 minutes.

1 result　　**2** bunch　　**3** sense　　**4** couple

訳

(1) サーチエンジンの最大手によって行われた研究は，人々が1日平均約3，4回オンラインで情報を調べるということを示した。

(2) 大統領は家に留まり重要な物事に対処しなければならないが，彼の妻は彼と国を代表してその式典に参加するだろう。

(3) ユミはアメリカの大学で勉強していて，さまざまな国の友だちを作ってきた。今や彼女はスペイン語と中国語を少し話すことができるし，まして英語はなおさらのことだ。

(4) イアンは複雑な機械を設計する有能なエンジニアだ。最近彼は，人間の医者のように診察をすることができるロボットを作った。

(5) キムさんは来年仕事でイタリアに引っ越すので，毎日イタリア語のクラスを取っている。彼女は仕事でイタリア語を使わなければならないので，それが難しくなったとしても，勉強をやり通すだろう。

(6) 工場の従業員のほとんどは社長のスピーチを聞いてがっかりした。彼はプロジェクトの成功について話すとき，営業部に言及しただけだったのだ。

(7) A：アレックス，今朝の会議であなたを見かけなかったよ。
B：ごめんなさい，ヘレン。それはトラックとスポーツカーの大きな事故のためだったんです。幹線道路の交通状態がひどくて。

(8) 火事が土曜の夜に小学校で起こった。誰もけがはしなかったが，消防隊員が来るときまでには，3つの教室がすでに焼け落ちてしまっていた。

(9) マネージャーはその新しいプロジェクトの詳細を詳しく説明する時間がミーティング中になかったので，来週追加の集まりの予定を入れた。

(10) A：あなたの新しい仕事のトレーニングはうまくいったの，アンナ？
B：うん。最終日に，私たちはとても高価なフレンチレストランで素晴らしい料理をいただいたんだけど，幸運なことに，全てが会社のおごりだったの。

(11) 最近，直行便のエコノミーの航空券は非常に高価だ。乗客は目的地への最も安いフライトを買うために，1つまたは2つもの他国を経由して移動することを選んでいる。

(12) ジェーンは自分のウェブ開発会社を持っている。多くのビジネスは今やオンラインで，良いウェブサイトを必要としているので，ジェーンは常に引っ張りだこで，全ての追加の仕事のためにもっと多くのスタッフを雇う必要がある。

(13) ベンは初めての車を買うのに貯金している。彼はレストランに行くのをやめ，割引された食べ物や古着しか買わず，1日10ドルだけで生活している。

(14) 学校の新しい方針に多くの生徒たちは不満があったので，マイクは生徒を代表して学校の決断に反対してはっきりと意見を述べた。

(15) A：ダニー，テレビゲームをやめて勉強しなさい。仮にあなたが明日の試験に落ちるようなことがあれば，それをまた受けられるまでもう1年待たなければならないのよ。
B：心配しないで，ママ。きっと簡単に合格するよ。

(16) A：土曜日のハロウィンパーティーには行った，ビリー？
B：うん。そこには自分が知らない人がたくさんいたから，私は話す人が誰もいなかったの。30分しか滞在しなかったよ。

熟語編

差がつく応用熟語 ● 200

Section 16-1

見出し語番号 1501~1600

学習日	月	日
正解		/18問

1 次の語句の意味を**ア～ウ**から選びなさい。

問題	選択肢	解答
□ (1) as time goes by	**ア** 時間がたつにつれて **イ** 次の通り **ウ** その結果	ア (1504)
□ (2) get away (from ～)	**ア** (～に) 苦しむ **イ** (～を) すり減らす **ウ** (～から) 離れる	ウ (1521)
□ (3) by nature	**ア** 生まれつき **イ** しばらくの間 **ウ** 結局	ア (1515)
□ (4) hold the line	**ア** 給料が良い **イ** 電話を切らずに待つ **ウ** 大声で話す	イ (1528)
□ (5) in the long run	**ア** 予定通りに **イ** 故障して **ウ** 長い目で見れば	ウ (1533)
□ (6) on account of ～	**ア** ～を担当して **イ** ～のために **ウ** ～に加えて	イ (1543)
□ (7) to *one's* joy	**ア** うれしいことに **イ** 驚いたことに **ウ** 率直に	ア (1560)
□ (8) back and forth	**ア** まもなく **イ** 一度に **ウ** 行ったり来たり	ウ (1574)
□ (9) be obliged to *do*	**ア** ～することに気が進まない **イ** ～するよう義務づけられている **ウ** ～することはできない	イ (1582)

□ (10) be willing to *do*	ア 最後には～することになる イ (今にも)～しようとしている ウ 進んで～する	ウ (1589)
□ (11) be acquainted with ～	ア ～と顔見知りである イ ～に従事している ウ ～と婚約している	ア (1575)
□ (12) account for ～	ア ～を熱望する イ ～の所在がわかっている ウ ～の世話をする	イ (1566)

2 次の語句と似た意味になるように（　　　）に適する語句を**ア～カ**から選びなさい。

□ (1) hand down ～	≒ （　　　）on ～	イ (1526)
□ (2) bring about ～	≒ （　　　）	ウ (1592)
□ (3) call off ～	≒ （　　　）	ア (1597)
□ (4) as a (general) rule	≒ （　　　）	オ (1568)
□ (5) by no means	≒ （　　　）	エ (1596)
□ (6) no more than ～	≒ （　　　）	カ (1540)

ア cancel　イ pass　ウ cause　エ not at all
オ usually　カ only

Section 16-2

見出し語番号 1501~1600

学習日　　月　　日

正解　　/20問

1 次の語句の意味を**ア〜ウ**から選びなさい。

	選択肢	解答
□ (1) go after ~	ア ~に屈する イ ~の後を追う ウ ~の世話をする	イ (1522)
□ (2) look over ~	ア ~に目を通す イ ~を指摘する ウ ~を尊敬する	ア (1535)
□ (3) anything but ~	ア ~に加えて イ 決して~でない ウ さまざまな~	イ (1502)
□ (4) on demand	ア 確かに イ 間違いなく ウ 要求があり次第	ウ (1544)
□ (5) out of date	ア あるべき場所に イ 時代遅れで ウ 困った状態で	イ (1548)
□ (6) rule out ~	ア ~を除外する イ ~に終わる ウ ~を後世に残す	ア (1553)
□ (7) accuse *A* of *B*	ア AをBに伝える イ Bを求めてAを頼る ウ AをBのことで非難する	ウ (1567)
□ (8) be independent of ~	ア ~に精通している イ ~から独立している ウ ~に従事している	イ (1579)
□ (9) be made up of ~	ア ~に気づいている イ ~に関連している ウ ~で構成されている	ウ (1581)

☐ (10) be true of ～	ア ～に当てはまる イ ～にうんざりしている ウ ～を知っている	ア (1587)

2 下線部の語句の意味を**ア～ウ**から選びなさい。

☐ (1) **make do with** my old computer **ア** を処分する **イ** を修理する **ウ** で済ませる	ウ (1538)
☐ (2) **decide on** our final goal **ア** を決める **イ** を達成する **ウ** を変える	ア (1519)
☐ (3) **in search of** gold **ア** の代わりに **イ** をさがして **ウ** と一緒に	イ (1532)
☐ (4) **watch out for** traffic **ア** を観察する **イ** の邪魔をする **ウ** に気をつける	ウ (1563)
☐ (5) **be reluctant to** let him go abroad **ア** を思いつく **イ** に気が進まない **ウ** につながる	イ (1583)
☐ (6) **run away from** the crime scene **ア** から逃げる **イ** を目撃する **ウ** を詳しく調べる	ア (1554)
☐ (7) He **takes after** his grandfather. **ア** と一緒に行く **イ** を訪ねる **ウ** に似ている	ウ (1557)
☐ (8) **be known to** many people **ア** に知られている **イ** と同等である **ウ** に関心がある	ア (1510)
☐ (9) **go through** months of hard training **ア** を熱望する **イ** を経験する **ウ** を実行する	イ (1525)
☐ (10) **send out** invitations **ア** を発送する **イ** を創作する **ウ** を確認する	ア (1555)

訳 (1) 私の古いコンピューターで済ませる (2) 私たちの最終目標を決める (3) 黄金をさがして (4) 車の往来に気をつける (5) 彼を海外に行かせることに気が進まない (6) 犯行現場から逃げる (7) 彼は彼の祖父に似ている。 (8) 多くの人に知られている (9) 何カ月にもわたる厳しい訓練を経験する (10) 招待状を発送する

Section 16-3

見出し語番号 1501~1600

学習日　　月　　日

正解　　/20問

1 次の語句の意味を**ア～ウ**から選びなさい。

問題	選択肢	解答
□ (1) of *one's* own	ア 自分自身の イ 独力で ウ 1つずつ	ア (1542)
□ (2) pass on *A* to *B*	ア AにBを思い起こさせる イ AをBと見分ける ウ AをBに伝える	ウ (1549)
□ (3) put out ～	ア ～を選び出す イ ～を外に出す ウ ～を派遣する	イ (1551)
□ (4) to *one's* surprise	ア 確かに イ 永久に ウ 驚いたことに	ウ (1561)
□ (5) be engaged in ～	ア ～で構成されている イ ～に従事している ウ ～に精通している	イ (1576)
□ (6) be likely to *do*	ア ～するよう義務づけられている イ ～することに気が進まない ウ ～しそうである	ウ (1580)
□ (7) be subject to ～	ア ～に気に入られて イ ～になりやすい ウ ～に慣れる	イ (1585)
□ (8) bring down ～	ア ～を実行する イ ～を戻す ウ ～を下げる	ウ (1593)

2 下線部の語句の意味を答えなさい。

□ (1) <u>as for</u> me 私( )	に関して言えば(1503)
□ (2) He <u>is engaged to</u> my sister. 彼は私の姉[妹]( )。	と婚約している(1507)
□ (3) <u>carry on</u> talking おしゃべり( )	を続ける(1600)
□ (4) <u>be at a loss</u> what to do どうすればよいか( )	困っている(1506)
□ (5) <u>lose</u> my <u>way</u> on the mountain 山中で( )	道に迷う(1536)
□ (6) <u>call in</u> another doctor 別の医師( )	を呼ぶ(1516)
□ (7) <u>be guilty of</u> stealing money お金を盗むという( )	罪を犯している(1509)
□ (8) be <u>brought up</u> in the United States アメリカで( )られる	育て(1594)
□ (9) <u>go over</u> the plans 計画表( )	を詳しく調べる(1524)
□ (10) The price is expected to <u>come down</u>. 価格は( )と予想されている。	下がる(1518)
□ (11) <u>be sure of</u> your innocence 君の無罪( )	を確信している(1586)
□ (12) be <u>in</u> the teacher's <u>favor</u> 先生( )いる	に気に入られて(1531)

Section 16-4

見出し語番号 1501~1600

学習日 月 日
正解 /20問

1 音声を聞いて語句の意味を**ア～エ**から選びなさい。
（音声が聞けない場合は語句を見て選びなさい）

ア ～に精通している
イ ～と同等である
ウ ～にうんざりしている
エ ～に典型的な

□ (1)	be equal to ～	イ (1508)
□ (2)	be typical of ～	エ (1588)
□ (3)	be sick of ～	ウ (1584)
□ (4)	be familiar with ～	ア (1577)

2 音声を聞いて語句の意味を**ア～ウ**から選びなさい。
（音声が聞けない場合は語句を見て選びなさい）

□ (1) **ア** ～と等しい **イ** ～がない **ウ** ～に知られている	be free from ～	イ (1578)
□ (2) **ア** 無作為に **イ** 進行中で **ウ** その間に	at random	ア (1571)
□ (3) **ア** 体調が良くて **イ** 手短に言えば **ウ** ある意味で	in a sense	ウ (1530)
□ (4) **ア** 違いを生む **イ** 電話を切らずに待つ **ウ** 故障する	make a difference	ア (1537)
□ (5) **ア** ～の理由で **イ** ～によって **ウ** ～と引き換えに	by means of ～	イ (1595)

□ (6) ア 詳細に　イ じかに ウ 徐々に	by degrees	ウ (1514)
□ (7) ア 決心する　イ くつろぐ ウ 過ぎ去る	sit back	イ (1556)
□ (8) ア いわゆる イ 全体的に見て ウ それどころか	what is called	ア (1564)
□ (9) ア 満足している イ 裕福である ウ 途方に暮れている	be well off	イ (1511)
□ (10) ア 時々　イ 生まれつき ウ 気分転換に	at times	ア (1573)

3 音声を聞いて (　　　) に適切なものを答えなさい。
(音声が聞けない場合は語句を見て答えなさい)

□ (1) 喫煙 (　　　)	refrain from smoking するのを慎む (1552)
□ (2) 彼が (　　　)	the last thing that he would do 最もしそうにないこと (1559)
□ (3) 私の健康 (　　　)	be anxious about my health を心配している (1505)
□ (4) あなたの提案 (　　　)	go along with your proposal を支持する (1523)
□ (5) 問題用紙 (　　　)	hand out a test paper を配る (1527)
□ (6) スピーチ (　　　)	in the middle of the speech の最中に (1534)

Section 16-5

見出し語番号 1501~1600

学習日　　月　　日

正解　　／14問

1 次の各文の（　　）に適する語句を**ア～ク**から選びなさい。
（ただし，文頭にくる語句も小文字になっています）

□ **(1)** There were so many nice blouses that it was hard for me to (　　) one. あまりにもたくさんの素敵なブラウスがあったので，私には1着を選び出すのが難しかった。	**イ** (1550)
□ **(2)** We must learn to (　　) elderly people properly. 私たちは適切にお年寄りの世話をすることを学ばなければならない。	**カ** (1599)
□ **(3)** Several students saw the man (　　) the jewelry shop. 数人の学生が，その男が宝石店へ押し入るのを見た。	**エ** (1590)
□ **(4)** Students were told to (　　) the test paper and fill out the blanks. 生徒たちは問題用紙を裏返して空欄を埋めるように言われた。	**ア** (1562)
□ **(5)** (　　), people should avoid spending a long time staring at a screen. 何よりも，人々はスクリーンを長時間見て過ごすのを避けるべきだ。	**ク** (1565)
□ **(6)** He likes cookies. (　　), he bakes some every weekend. 彼はクッキーが好きだ。実のところ，彼は毎週末クッキーを焼く。	**キ** (1569)
□ **(7)** The repair cost will be 50 dollars (　　). 修繕費は最高でも50ドルだろう。	**ウ** (1572)
□ **(8)** The city is (　　) thanks to its computer industry. その都市はコンピューター産業のおかげで発展している。	**オ** (1545)

ア turn over　**イ** pick out　**ウ** at most　**エ** break into
オ on the move　**カ** care for　**キ** as a matter of fact　**ク** above all

2 次の各文の（　　）に適する語句を**ア**～**エ**から選びなさい。

□ **(1)** He was poor and, (　　) that, physically weak. 彼は貧しく，それに加えて，病弱だった。 **ア** due to　**イ** on top of **ウ** instead of　**エ** according to	**イ** (1547)
□ **(2)** I (　　) from the hotel early and had lunch at the airport. 私は早めにホテルをチェックアウトして，空港で昼食を食べた。 **ア** got away　**イ** turned up **ウ** got over　**エ** checked out	**エ** (1517)
□ **(3)** The damage from the earthquake is expected to (　　) at least 68 billion yen. その地震の被害は，少なくとも総計で680億円に達すると予想される。 **ア** amount to　**イ** go after **ウ** take advantage of　**エ** show off	**ア** (1501)
□ **(4)** She decided to (　　) sailing. 彼女はセーリングを始めることに決めた。 **ア** refrain from　**イ** take up **ウ** feel like　**エ** be capable of	**イ** (1558)
□ **(5)** This price is far (　　). この価格は私たちの手の届く範囲をはるかに超えている。 **ア** to our joy　**イ** none of our business **ウ** on our own　**エ** beyond our reach	**エ** (1513)
□ **(6)** He named his dog Tom (　　) his favorite singer. 彼は自分のお気に入りの歌手にちなんで犬をトムと名付けた。 **ア** with　**イ** in　**ウ** after　**エ** to	**ウ** (1539)

Section 17-1

見出し語番号 1601~1700

学習日　月　日

正解　/18問

1 次の語句の意味を**ア～ウ**から選びなさい。

問題	選択肢	解答
□ (1) for certain	**ア** 予定通り **イ** 確かに(は) **ウ** わざと	イ (1608)
□ (2) go off	**ア** (警報などが)鳴る **イ** (傷などが)治る **ウ** (魚・鳥が)渡る	ア (1612)
□ (3) in effect	**ア** 特に **イ** 適切で **ウ** 事実上	ウ (1621)
□ (4) leave *A* alone	**ア** Aを失望させる **イ** Aを放っておく **ウ** Aを手助けする	イ (1643)
□ (5) turn away ~	**ア** (顔・目など)をそらす **イ** ～を捨てる **ウ** (単語など)を調べる	ア (1696)
□ (6) on the condition that …	**ア** たとえ…だとしても **イ** …という条件で **ウ** …に備えて	イ (1658)
□ (7) owing to ~	**ア** ～次第で **イ** ～に加えて **ウ** ～のために	ウ (1664)
□ (8) show off ~	**ア** ～を詳しく調べる **イ** ～を見せびらかす **ウ** ～を後世に残す	イ (1679)
□ (9) sooner or later	**ア** 遅かれ早かれ **イ** 一度に **ウ** 時間通りに	ア (1682)

□ (10) in relation to ～	ア ～と一緒に イ ～に関して ウ ～を担当して	イ (1630)
□ (11) sum up ～	ア ～の埋め合わせをする イ ～を我慢する ウ ～を要約する	ウ (1686)
□ (12) in private	ア 気分転換に イ 直接 ウ 内緒で	ウ (1627)
□ (13) (It is) no wonder (that) ...	ア …は全く不思議ではない イ 今はもう…だから ウ 何を…しても	ア (1637)
□ (14) provided that ...	ア まるで…のように イ …するときまでに ウ もし…なら	ウ (1667)

2 次の語句と似た意味になるように（　　　）に適する語句を**ア～エ**から選びなさい。

□ (1) major in ～	≒	(　　　) in ～	イ (1648)
□ (2) put off ～	≒	(　　　)	エ (1673)
□ (3) put up with ～	≒	(　　　) for ～	ア (1674)
□ (4) show up	≒	(　　　)	ウ (1680)

ア stand　**イ** specialize　**ウ** appear　**エ** postpone

Section 17-2

見出し語番号 1601~1700

学習日	月	日
正解		/20問

1 次の語句の意味を**ア～ウ**から選びなさい。

問題	選択肢	解答
□ (1) for good (and all)	**ア** 結局(は)　**イ** はるばる **ウ** 永久に	ウ (1609)
□ (2) in exchange for ~	**ア** ～と引き換えに **イ** ～の不足のために **ウ** ～の危険にさらされて	ア (1622)
□ (3) have second thoughts	**ア** 乗り換える　**イ** 考え直す **ウ** 良くなる	イ (1615)
□ (4) in favor of ~	**ア** ～に賛成して **イ** ～の観点から **ウ** ～にもかかわらず	ア (1623)
□ (5) make up *one's* mind	**ア** 約束を守る **イ** 返事をする **ウ** 決心する	ウ (1653)
□ (6) in use	**ア** 確かに　**イ** 使われて **ウ** 一般に	イ (1636)
□ (7) run through ~	**ア** ～を支持する **イ** ～の後を追う **ウ** ～をざっとおさらいする	ウ (1676)
□ (8) speak up	**ア** 増加する **イ** もっと大きな声で話す **ウ** 立ち寄る	イ (1683)
□ (9) There is no *doing*	**ア** ～する能力がある **イ** 何とかして～する **ウ** ～することはできない	ウ (1691)
□ (10) keep track of ~	**ア** ～を見失わないようにする **イ** ～を選び出す **ウ** ～を我慢する	ア (1641)

2 下線部の語句の意味をア〜ウから選びなさい。

□ (1) <u>**keep off**</u> the grass ア に向かう　イ を育てる　ウ に近寄らない	ウ (1640)
□ (2) arrange the books <u>**in order**</u> ア 順序正しく　イ 定期的に　ウ 能率的に	ア (1624)
□ (3) <u>**use up**</u> all of my money ア を片付ける　イ を使い果たす　ウ に注意を払う	イ (1699)
□ (4) <u>**put an end to**</u> the fight ア を続ける　イ に苦しむ　ウ を終わらせる	ウ (1669)
□ (5) <u>**look down on**</u> others ア を避ける　イ を見下す　ウ の方に顔を向ける	イ (1646)
□ (6) <u>**put**</u> the plan <u>**into practice**</u> ア を実行する　イ を期待する　ウ を考案する	ア (1672)
□ (7) <u>**keep in touch with**</u> my father ア をからかう　イ をのぞき込む　ウ と連絡を取り合う	ウ (1639)
□ (8) <u>**put**</u> her work <u>**aside**</u> ア を脇に置いておく　イ の代理を務める ウ を支援する	ア (1670)
□ (9) <u>**think over**</u> my answer ア を心に留める　イ をじっくり考える ウ に従って行動する	イ (1692)
□ (10) <u>**hang up**</u> the phone ア を切る　イ を廃止する　ウ を放っておく	ア (1613)

訳 (1) 芝生に近寄らない　(2) 本を順序正しく並べる　(3) 私のお金を全部使い果たす
(4) けんかを終わらせる　(5) 他人を見下す　(6) その計画を実行する　(7) 私の父と連絡を取り合う
(8) 彼女の仕事を脇に置いておく　(9) 私の答えをじっくり考える　(10) 電話を切る

Section 17-3

見出し語番号 1601~1700

学習日　月　日
正解　／20問

1 次の語句の意味を**ア**～**ウ**から選びなさい。

□ (1) for the time being	**ア** 当分の間 **イ** 永久に **ウ** わずかに	ア (1610)
□ (2) make use of ～	**ア** ～の質を高める **イ** ～を利用する **ウ** ～を信頼する	イ (1654)
□ (3) not to mention ～	**ア** 決して～でない **イ** ～の最中に **ウ** ～は言うまでもなく	ウ (1656)
□ (4) in comparison with ～	**ア** ～と比べると **イ** ～にもかかわらず **ウ** ～の代わりに	ア (1618)
□ (5) on *one's* own	**ア** 今後は **イ** 独力で **ウ** わざと	イ (1657)
□ (6) try out ～	**ア** ～を配達する **イ** ～を試験する **ウ** ～を延期する	イ (1695)
□ (7) take over ～	**ア** (要求・条件など) を満たす **イ** (費用) がかかる **ウ** (職・責任など) を引き継ぐ	ウ (1689)
□ (8) make fun of ～	**ア** ～を持ち帰る **イ** ～をからかう **ウ** ～を思いつく	イ (1650)
□ (9) long for ～	**ア** ～に思い焦がれる **イ** ～を避ける **ウ** ～を専攻する	ア (1645)

2 下線部の語句の意味を答えなさい。

□ (1) **tell** the real diamond **from** the fake one 本物のダイヤモンドを偽物のダイヤモンド (　　　)	と見分ける (1690)
□ (2) **drop out** in the middle of the race レースの途中で (　　　)	脱落する (1605)
□ (3) **prohibit** people **from** smoking 人々が喫煙するの (　　　)	を禁止する (1666)
□ (4) **get by** on my small salary 私の少ない給料で (　　　)	やっていく (1611)
□ (5) **head for** the mountains 山 (　　　)	へ向かう (1616)
□ (6) be open with his feelings **in public** (　　　) 彼の感情をおおっぴらに表す	人前で (1629)
□ (7) **keep** this lesson **in mind** この教訓 (　　　)	を心に留める (1638)
□ (8) **make an appointment** with my client 顧客と (　　　)	会う約束をする (1649)
□ (9) It's **none of** your **business**. それはあなた (　　　) ことだ。	には関係のない (1655)
□ (10) eat **one** cookie **after another** クッキー (　　　) 食べる	を次々と (1661)
□ (11) **cope with** a difficult situation 難局 (　　　)	をうまく処理する (1604)

Section 17-4

見出し語番号 1601~1700

学習日　　月　　日

正解　　／20問

1 音声を聞いて語句の意味を**ア**～**エ**から選びなさい。
（音声が聞けない場合は語句を見て選びなさい）

ア 逆さまに
イ 手短に言えば
ウ ある程度まで
エ 制御しきれなくなって

□	(1)	in short	イ (1632)
□	(2)	out of control	エ (1663)
□	(3)	to some extent	ウ (1693)
□	(4)	upside down	ア (1698)

2 音声を聞いて語句の意味を**ア**～**ウ**から選びなさい。
（音声が聞けない場合は語句を見て選びなさい）

□	(1)	**ア** ～の終わりまでに **イ** ～に直面して **ウ** ～によれば	in the face of ～	イ (1633)
□	(2)	**ア** ～を調べる　**イ** ～を知る **ウ** ～を設定する	look into ～	ア (1647)
□	(3)	**ア** 誤って　**イ** 一度に **ウ** 1つずつ	one by one	ウ (1662)
□	(4)	**ア** 握手をする　**イ** 前進する **ウ** 代わりをする	shake hands	ア (1678)
□	(5)	**ア** 言い換えれば　**イ** そもそも **ウ** ずば抜けて	in the first place	イ (1634)
□	(6)	**ア** 匹敵する　**イ** 生存する **ウ** 目立つ	stand out	ウ (1685)

□ (7) ア 頼る　イ 反応する ウ 待機する	stand by	ウ(1684)
□ (8) ア 身を固める　イ 衰退する ウ 逃げる	settle down	ア(1677)
□ (9) ア 投票する イ 道理にかなう ウ 強く主張する	make sense	イ(1652)

3 音声を聞いて(　　)に適切なものを答えなさい。
(音声が聞けない場合は語句を見て答えなさい)

□ (1) 辞書が(　　)ある	have a dictionary close at hand 手元に(1601)
□ (2) 木綿(　　)絹を使用する	use silk in place of cotton の代わりに(1626)
□ (3) (　　)話す	talk in person 直接(1625)
□ (4) たくさんの(　　)	have a lot in common 共通点がある(1614)
□ (5) 彼女の両親の期待(　　)	live up to her parents' expectations に応える(1644)
□ (6) 皿(　　)	put the dishes away を片付ける(1671)
□ (7) 私に学生時代(　　)	remind me of my school days を思い起こさせる(1675)

Section 17-5

見出し語番号 1601~1700

学習日　　月　　日

正解　　／14問

1 次の各文の（　　）に適する語句を**ア～ク**から選びなさい。
（ただし，文頭にくる語句も小文字になっています）

□ (1) She (　　) at the party wearing a blue dress. 彼女は青いドレスを着てパーティーに姿を現した。	イ (1697)
□ (2) She (　　) all night attending to her sick mother. 彼女は一晩中起きて病気の母を看病した。	カ (1681)
□ (3) My grandfather had been ill for some time and (　　) last week. 私の祖父はしばらくの間病気だったが，先週亡くなった。	エ (1665)
□ (4) Luckily, no one was in the plant when the explosion (　　). 爆発が起こったとき，幸運にも誰もその工場にはいなかった。	ア (1602)
□ (5) He described the accident (　　). 彼は事故のことを詳細に述べた。	ク (1620)
□ (6) He's not my friend. (　　), he's my enemy. 彼は私の友人ではない。それどころか，彼は私の敵だ。	キ (1659)
□ (7) Students need to be quiet when a test is (　　). テストが進行中のときは生徒は静かにする必要がある。	ウ (1628)
□ (8) The movie I saw yesterday was, (　　), very good. 昨日私が見た映画は，全体的にとても良かった。	オ (1660)

ア came about	イ turned up	ウ in progress
エ passed away	オ on the whole	カ sat up
キ on the contrary	ク in detail	

2 次の各文の（　　）に適する語句を**ア**〜**エ**から選びなさい。

□ (1) We (　　) the fine weather to go to the beach. 私たちは良い天気を利用してビーチへ出かけた。 **ア** paid attention to　**イ** took advantage of **ウ** caught up with　**エ** made do with	イ (1687)
□ (2) The progress of AI will (　　) on creative jobs. AIの発展は私たちが創造的な仕事に焦点を絞ることを可能にするだろう。 **ア** accuse us of focusing **イ** persuade us to focus **ウ** remind us of focusing **エ** enable us to focus	エ (1606)
□ (3) Because I was sick, my boss (　　). 私の具合が悪かったので，上司が私の代役を務めた。 **ア** took my place　**イ** let me down **ウ** met my needs　**エ** called on me	ア (1688)
□ (4) It (　　) that someone was cheating during the exam. 試験の間，誰かがカンニングをしていたことが発覚した。 **ア** made sure　**イ** ruled out **ウ** came to light　**エ** made sense	ウ (1603)
□ (5) (　　) last winter, we had heavy snowfall this winter. 昨冬とは対照的に，この冬はたくさん雪が降った。 **ア** In place of　**イ** In contrast to **ウ** In the face of　**エ** In exchange for	イ (1619)
□ (6) They (　　) through the jungle. 彼らはジャングルの中を前進した。 **ア** made their way　**イ** kept their word **ウ** lost their way　**エ** changed their mind	ア (1651)

熟語編 でる度 **B**

英検形式にチャレンジ!

学習日　　月　　日

正解　　/16問

次の(1)から(16)までの(　　)に入れるのに最も適切なものを**1**, **2**, **3**, **4**の中から一つ選びなさい。

□ (1) Alice played the leading role in the most successful movie last year. She won a Best Actress Award, and everyone agrees she was (　　) the prize.　**4** (1512)

1 engaged in　　**2** free from
3 familiar with　　**4** worthy of

□ (2) After being (　　) off by his company, Casper took the opportunity to go back to school and study law. In this way, he made the best use of his time to improve his skills.　**3** (1642)

1 kept　　**2** put　　**3** laid　　**4** dropped

□ (3) *A*: Shall we go to our usual Italian place for dinner on Saturday?
B: There's a new Greek restaurant that's just opened downtown. Why don't we try there (　　)?　**2** (1520)

1 sooner or later　　**2** for a change
3 on the move　　**4** in a sense

□ (4) Bicycle experts say cyclists should check their chains for damage and replace them before they (　　).　**3** (1700)

1 turn away　　**2** make sense
3 wear out　　**4** pay well

☐ (5) This love song was so popular that it stayed No.1 for 15 weeks (　　). The record has yet to be broken. 4 (1529)

1 back and forth　　**2** out of date
3 at the rate　　**4** in a row

☐ (6) The museum owner was shocked to discover that an ancient necklace had been stolen overnight. He is now trying to get it back and will not give up (　　). 1 (1570)

1 at any cost　　**2** one by one
3 in the first place　　**4** for free

☐ (7) A fire (　　) at a bakery and soon spread around the city, destroying thousands of buildings. 2 (1591)

1 hung up　　**2** broke out
3 sat up　　**4** went off

☐ (8) *A*: Dave has been absent from school for a few days now. I hope he's OK. 4 (1598)
B: I (　　) him on the way here this morning. He's broken his arm, but he'll be back tomorrow.

1 thought over　　**2** put up with
3 took advantage of　　**4** called on

☐ (9) *A*: How was the restaurant you went to yesterday? 3 (1607)
B: It was (　　) a good restaurant. The owner was unfriendly, and the food was not tasty.

1 in particular　　**2** at least
3 far from　　**4** after all

☐ (10) The start of the musical was (   ) due to problems with the speakers. The audience were given free drinks while waiting for the engineers to repair the audio equipment. 4 (1617)

1 called off **2** looked into
3 handed out **4** held up

☐ (11) The reporter asked the politician an unexpected question during the TV interview, and she had to come up with an answer (   ). 4 (1546)

1 by chance **2** in short
3 as a matter of fact **4** on the spot

☐ (12) *A*: I've been running in the park every morning for a month, and I feel like I'm finally getting (   ). 1 (1631)
B: Really? I should start jogging then.

1 in shape **2** on board
3 in trouble **4** on duty

☐ (13) The man was arrested this morning and is being transferred to a police station. (   ), officers are searching his house and computer for evidence. 1 (1635)

1 In the meantime **2** On the contrary
3 In other words **4** On the average

☐ (14) At first the dance seemed too difficult for Nancy. However, she (   ) an amazing performance at the contest. 2 (1668)

1 coped with **2** pulled off
3 brought down **4** accounted for

□ **(15)** *A*: I think the last speaker's presentation was very effective.
B: I agree. Even though he only spoke for a few minutes, his comments were (　　) and very clear.

1 close at hand　　**2** out of control
3 at a loss　　**4** to the point

4 (1694)

□ **(16)** (　　) working from home has become more common, some coffee shops have had lower sales than in the past because fewer customers use them on weekdays.

1 As though　　**2** Even if
3 Now that　　**4** In case

3 (1541)

訳

(1) アリスは昨年最も成功した映画の主役を演じた。彼女は主演女優賞を受賞し，彼女がその賞に値するとみんなの意見が一致した。

(2) 会社に一時解雇された後，キャスパーはその機会を利用して学校に戻り，法律を勉強した。このようにして，彼はスキルアップのために時間を最大限に活用した。

(3) A：土曜日にいつものイタリアンに夕食を食べに行かない？
B：中心街にオープンしたばかりの新しいギリシャレストランがあるんだ。気分転換にそっちに行ってみない？

(4) 自転車の専門家は，自転車に乗る人たちはチェーンの損傷を確認し，それがすり減る前に取り替えるべきだと言っている。

(5) このラブソングはとても人気で，15週連続で1位になり続けた。その記録はまだ破られていない。

(6) その博物館のオーナーは夜の間に古代のネックレスが盗まれたことに気づき，ショックを受けた。彼は今それを取り戻そうとしていて，どんな犠牲を払ってもあきらめるつもりはない。

(7) ベーカリーで火事が発生し，数千もの建物を破壊しながら，すぐに市内に広がった。

(8) A：デーブはもう数日間学校を休んでいるよ。彼が大丈夫だといいけど。
B：私は今朝ここに来る途中に彼を訪ねたの。彼は腕を折っていたけど，明日戻ってくるよ。

(9) A：昨日あなたが行ったレストランはどうだった？
B：それは決して良いレストランではなかったよ。オーナーは愛想悪いし，食べ物はおいしくなかった。

(10) そのミュージカルの始まりはスピーカーの問題のために遅らせられた。エンジニアが音声機器を直すのを待つ間，観客には無料の飲み物が与えられた。

(11) レポーターはテレビのインタビューの間，その政治家に予期せぬ質問をしたので，彼女は答えを即座に思いつかなければならなかった。

(12) A：1カ月間毎朝公園でランニングをしてきて，ようやく体調が良くなっている気がするんだ。
B：本当？　じゃあ私，ジョギングを始めないと。

(13) その男性は今朝逮捕され，警察署に輸送されているところだ。その間に，警察官が証拠を求めて彼の家とコンピューターを探している。

(14) 最初，そのダンスはナンシーには難し過ぎるように思えた。しかしながら，彼女はコンテストで素晴らしいパフォーマンスをやってのけた。

(15) A：最後の話し手のプレゼンテーションはとても効果的だったと思う。
B：そうだね。彼は数分間しか話していないのに，彼のコメントは的を射ていてとても明確だった。

(16) 今はもう在宅勤務がもっと一般的になってきたから，過去に比べて売り上げが下がった喫茶店もある。なぜなら，平日にそれらを使う顧客が減ったからだ。